Kleincomputer leichtverständlich

Von Uwe Bückner

*Mit 31 Bildern, 13 Tabellen, einem Anhang
und zahlreichen Illustrationen*

Sonderausgabe

VEB Fachbuchverlag Leipzig

Bückner, Uwe:
Kleincomputer leichtverständlich / von Uwe Bückner.
— Sonderausg. d. 1. Aufl. — Leipzig: Fachbuchverl., 1987 — 168 S. : 31 Bild.,
13 Tab., zahlr. Ill.

ISBN 3-343-00363-8

© VEB Fachbuchverlag Leipzig 1987
1. Auflage (Sonderausgabe)
Lizenznummer 114-210/135/87
LSV 1089
Verlagsdirektor: Helga Fago
Illustrationen und Gestaltung: Lothar Gabler
Printed in GDR
Satz: VEB Druckhaus Köthen
Fotomechanischer Nachdruck:
Druckerei Neues Deutschland, Berlin
Redaktionsschluß: 9. 5. 1986
Bestellnummer: 547 350 6
01150

Vorwort

In der heutigen Zeit werden in einer bisher nicht gekannten Breite die Ergebnisse der wissenschaftlich-technischen Revolution in allen Bereichen der sozialistischen Gesellschaft wirksam.

Auf dem XI. Parteitag der SED wurde hervorgehoben, daß die ökonomische Strategie unserer Partei mit dem Blick auf das Jahr 2000 darauf gerichtet ist, „die Vorzüge des Sozialismus noch wirksamer mit den Errungenschaften der wissenschaftlich-technischen Revolution zu verbinden, die selbst in eine neue Etappe eingetreten ist. Mikroelektronik, moderne Rechentechnik und rechnergestützte Konstruktion, Projektierung und Steuerung der Produktion bestimmen immer mehr das Leistungsvermögen einer Volkswirtschaft".

Deshalb werden zunehmend die Menschen in ihrem Wirkungsbereich unmittelbar mit moderner Informationsverarbeitungstechnik konfrontiert. Der Einsatz von Kleincomputern in vielen Bereichen der Volkswirtschaft, in der Berufsbildung, selbst in Computerclubs, löste eine große Resonanz in unserem Land aus.

Diese kleinen, komfortablen und leicht zu handhabenden Rechner interessieren nicht nur den Fachmann mit Spezialausbildung, Angehörige der verschiedensten Berufe, die bisher keine Beziehung zur Rechentechnik hatten, möchten diese zur Effektivierung ihrer Arbeit, der Ausbildung und für viele weitere Zwecke nutzen. Dabei türmt sich vor ihnen ein ganzer Berg von Fragen auf. Das vorliegende Buch soll hier Abhilfe schaffen.

Es richtet sich an diese Einsteiger und wird sie im Lernprozeß unterstützen, indem es einen ersten Einblick in die Mikrocomputertechnik und Antwort auf folgende Fragen gibt:
- Was kann ich mit einem Kleincomputer alles machen?
- Wie funktioniert ein Kleincomputer?
- Kann auch ich einen Kleincomputer bedienen?

Dabei nimmt eine Einführung in die BASIC-Programmierung an Hand von Beispielen einen breiten Raum ein. Grundlegende Begriffe werden ausführlich im Abschnitt 8. „Kleines Computer-Lexikon" erläutert.

An dieser Stelle möchte ich mich bei

Herrn Dipl.-Ing.-Ök. FALK ECKERT,

Herrn Dr.-Ing. UWE KESTNER,

Herrn Dr. BERND VIEHWEGER,

sowie dem VEB Mikroelektronik „Wilhelm Pieck" Mühlhausen im VEB Kombinat Mikroelektronik für die zahlreichen Hinweise und die gewährte Unterstützung bedanken.

Viel Spaß beim Lesen wünscht

UWE BÜCKNER

Inhaltsverzeichnis

1. Kleincomputer – Was ist das?

1.1. Eine 3000jährige Computergeschichte

Das Streben der Menschen, sich vom Ballast des Zahlenrechnens zu befreien, ist bestimmt so alt wie das Rechnen selbst.

Bereits 1100 v. u. Z. wurde zu diesem Zwecke im alten China eine „Rechenmaschine" gebaut.

Dieser erste Schritt in Richtung Computer war ein Abakus, wie er auch heute noch in verschiedenen Ländern der Erde benutzt wird.

Den nächsten Hinweis zur Weiterentwicklung der Rechentechnik finden wir erst im Jahre 1652. In diesem Jahr baute BLAISE PASCAL zur Arbeitserleichterung seines Vaters, der Steuereinzieher war, eine mechanische Rechenmaschine für Addition und Subtraktion.

GOTTFRIED WILHELM LEIBNIZ schuf 1674 die erste mechanische Rechenmaschine für alle vier Grundrechenarten.

Bild 1.1.1. Rechenmaschine von PASCAL

Bild 1.1.2. Rechenmaschine von LEIBNIZ

Von 1821 bis 1878 realisierte THOMAS DE COLVAR die erste industrielle Serienproduktion eines Rechengerätes für vier Grundrechenarten. In unserem Jahrhundert vollzog sich die Entwicklung der Rechentechnik mit einer bis dahin nicht gekannten Dynamik.

1936 baute KONRAD ZUSE den ersten funktionierenden programmgesteuerten Rechner mit elektronischen Relais.

1946 schlug in den USA die Geburtsstunde von „Eniac". „Eniac" war der erste rein elektronische Rechner. Er wog 30 Tonnen und besaß 18000 Elektronenröhren.

1960 erfolgten in Jena der Bau und der Einsatz des Zeiss-Rechenautomaten (ZRA-1), eines Digitalrechners mit 150 Rechenoperationen pro Sekunde.

In den 50er und 60er Jahren entwickelte sich die Mikroelektronik als eine notwendige Voraussetzung für die Raumfahrt. So war es der Firma Texas Instruments 1967 möglich, den ersten Taschenrechner, nicht größer als zwei der 18000 Elektronenröhren von „Eniac", zu bauen.

Seit wenigen Jahren finden wir nun sogar kleine Computer, sogenannte Mikrocomputer. Hierzu waren zwei wesentliche Voraussetzungen erforderlich. Zum einen mußten die Computer sehr bedienerfreundlich und leicht verständlich sein, zum anderen mußte eine effektivere Produktion mit größeren Stückzahlen realisiert werden.

Die erste Bedingung wurde bereits in den 60er Jahren durch die Entwicklung der leicht zu beherrschenden Programmiersprache BASIC erfüllt.

Grundbedingung für eine bessere Ökonomie war jedoch ein sehr hohes technologisches Niveau der Mikroelektronik.

Als diese Bedingungen Ende der siebziger Jahre geschaffen waren, stand der Verbreitung der Computertechnik nichts mehr im Wege.

Seitdem haben die Mikrocomputer (dazu zählen Personalcomputer und Bürocomputer, Kleincomputer sowie auch Spielcomputer) einen weltweiten Siegeszug angetreten. Einerseits ermöglichen sie auch Anwendern ohne Spezialkenntnisse, ·die Vorteile der dezentralen Computertechnik unproblematisch zu nutzen. Zum anderen entsteht eine neue kreative Freizeitbeschäftigung für begeisterte Computerfreunde.

Die Entwicklung der Volkswirtschaft der DDR wird in den nächsten Jahrzehnten maßgeblich durch die Anwendung der Schlüsseltechnologien bestimmt (Mikroelektronik, moderne Rechentechnik, CAD/CAM, flexible automatische Fertigungssysteme, neue Bearbeitungstechnologien, neue Werkstoffe, Biotechnologie, geschlossene Stoffkreisläufe).

Besonders der Einsatz der Mikroelektronik und moderner Informationsverarbeitungstechnik wird den Gesamtprozeß der wissenschaftlich-technischen Revolution und das Leistungsvermögen unserer Volkswirtschaft bestimmen.

Die Hauptziele der Anwendung dieser Schlüsseltechnologien sind die Steigerung der Arbeitsproduktivität in allen Bereichen sowie die Verbesserung der Arbeits- und Lebensbedingungen.

Es ist keine gewagte Prognose, daß schon in zehn Jahren jeder zweite Berufstätige zur Lösung seiner Arbeitsaufgaben über Kenntnisse und Fertigkeiten auf dem Gebiet der Informatik verfügen muß. Es hat sich gezeigt, daß gerade junge Menschen für diese neue Wissenschaftsdisziplin begeisterungsfähig sind. Und wer, wenn nicht sie, bestimmt zukünftig den Stand von Wissenschaft und Technik?

1.2.   Was braucht man zum Computern?

Selbstverständlich benötigen wir erst einmal einen Kleincomputer. Die uns zur Verfügung stehenden *Kleincomputer* bestehen in der Regel aus einem Grundgerät mit einer alphanumerischen (schreibmaschinenähnlichen) Tastatur.

In der DDR gibt es z. Z. drei Kleincomputertypen: Einmal finden wir die Geräte KC 85/2 und KC 85/3 vom VEB Mikroelektronik „Wilhelm Pieck" Mühlhausen. Weiterhin wird im VEB Robotron-Meßelektronik „Otto Schön" Dresden der KC 85/1 produziert. In Abschnitt 7. werden diese Geräte noch ausführlich vorgestellt.

Kleincomputer besitzen aus ökonomischen Gründen keinen eigenen *Monitor*. Als Anzeigeeinheit verwenden wir ein handelsübliches Fernsehgerät (Farbe oder schwarzweiß), wie wir es heute in fast jedem Haushalt vorfinden. Der Kleincomputer wird an den Antenneneingang des Fernsehgerätes angeschlossen und wie ein Sender im UHF-oder VHF-Bereich empfangen. Somit können wir auf dem Fernsehbildschirm verfolgen, was der Computer alles macht.

Unser Kleincomputer ist nun aber in diesem Zustand weder als Finanzberater noch als Schachpartner zu benutzen. Dazu, das heißt für den speziellen Verwendungszweck, benötigt er spezielle *Programme*. Diese Programme sind in Zusatzmodulen und auf Magnetbandkassetten erhältlich. Mit Hilfe eines handelsüblichen Kassettenrecorders können wir diese Programme in den Computer laden.

Umgekehrt können wir auch von uns selbst erstellte Programme, die wir mehrmals verwenden wollen, aus dem Computer auf *Kassette* abspeichern. Als externe Speichereinheit benötigen wir also einen *Kassettenrecorder*.

Mit Kleincomputer, Fernsehgerät und Kassettenrecorder kann die Arbeit mit dem Computer nun beginnen.

1.3.   Kleincomputer-Bedienung – Kein Problem!

Stellen wir uns vor, wir wollen der eben genannten Computergrundausstattung das erste Mal Leben einhauchen. Zuerst schließen wir die Geräte nach Bild 1.3.1 zusammen.

Nachdem wir den Kleincomputer und den Fernseher eingeschaltet haben, stellen wir am Fernsehgerät den vom Computerhersteller vorgegebenen Kanal ein. Nun sehen wir das Bild, mit dem sich der Computer betriebsbereit meldet.

Wir geben dem Kleincomputer jetzt das Programm ein, das ihn befähigt, unsere speziellen Wünsche zu erfüllen. So wird er zum Beispiel mit Hilfe eines Schachprogramms zum Schachpartner oder simuliert mit Hilfe eines Programms Bewegungsabläufe eines Roboterarmes. Sowohl der Lesevorgang von Kassette in den Computer wie auch umgekehrt, die Abspeicherung von Computerprogrammen auf Kassette, ist nicht schwieriger als der Umgang mit dem Recorder selbst.

Ist das Programm im Computer gespeichert, so werden wir es in vielen Fällen im Dialogbetrieb nutzen. Das heißt, der Computer erklärt uns, welche Möglichkeiten das Programm bietet und wie wir diese durch Eingaben über die Tastatur realisieren können.

Wir können den Computer also einmal im Dialogbetrieb ohne jegliche Programmierkenntnisse nutzen.

12

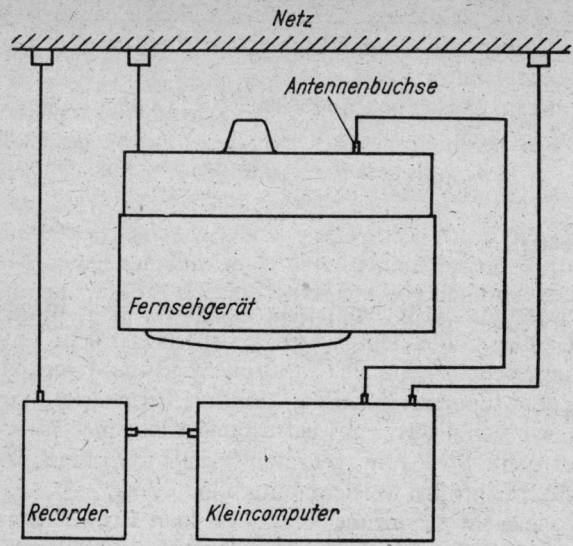

Bild 1.3.1. Anschlußschema eines Kleincomputers

Irgendwann jedoch kommt jeder Computer-Freund an den Punkt, wo er sagt: Jetzt möchte ich selber programmieren. Der Computer soll das machen, was ich mir ausdenke, soll meine ganz speziellen *Probleme* bearbeiten.

Für diesen, bestimmt häufigsten Anwendungsfall, nutzen wir z.B. einen *BASIC-Interpreter*. Dieses Programm erlaubt es uns, den Computer in der leicht zu beherrschenden Sprache BASIC zu programmieren.

Bereits nach wenigen Stunden ist der Laie mit Hilfe eines BASIC-programmierbaren Computers und dem dazugehörigen Handbuch in der Lage, selber kleine Programme zu erstellen.

Manche Computerhersteller bieten den Interpreter nachladbar als Programmkassette an, andere installieren den Interpreter bereits fest im Computer. Beide Varianten haben Vor- und Nachteile. In den Abschnitten 3. und 4. gehen wir noch näher auf die Programmiersprache BASIC ein.

Die Computer-Experten werden darüber hinaus insbesondere die Möglichkeit der Programmierung im Maschinencode zu schätzen wissen. Diese Arbeit kann durch Assembler unterstützt werden.

Ein *Assembler* ist ein Programm, das es ermöglicht, den Maschinencode in Form leicht zu merkender Abkürzungen zu programmieren.

13

Dieses Programm übersetzt die als Abkürzungen eingegebenen Befehle in die Maschinensprache und erleichtert somit diese Art der Programmierung bedeutend.

Die Programmierung im Maschinencode wird den Einsteiger anfangs jedoch weniger interessieren.

1.4.   Abgrenzung

Computer, also elektronische Rechenmaschinen, gibt es heute in den verschiedensten Größen und Ausführungen. Entsprechend dem Verwendungszweck unterscheiden sie sich in Größe, Leistungsfähigkeit und Ausstattungsgrad (Speichereinheiten, Monitor, Peripherie). Wir wollen nun sehen, wie sich die von uns betrachtete Klasse der *Kleincomputer* in dieses breite Spektrum von raumfüllenden Großrechenanlagen bis zu schachtelgroßen Spielcomputern einordnet.

Dabei stellt sich vielleicht sofort die Frage, ob man einen Kleincomputer überhaupt mit einer elektronischen Großrechenanlage vergleichen kann? Durchaus, denn hier wie dort werden lediglich Informationen in Form von Daten elektronisch verarbeitet.

Unter dem Begriff *Information* versteht man eine Mitteilung, die von einem System S_1 zu einem anderen System S_2 gelangt. Um für die wissenschaftliche Nutzung Geltungsbereich und Inhalt der Information festzulegen, unterscheidet man zwei Aspekte der Mitteilung. Der eine ist der *inhaltliche Aspekt*, wir sagen auch der „semantische Wert" einer Aussage.

Der zweite interessierende Gesichtspunkt ist der *Formaspekt* (Syntax). Er verrät uns, *wie welche* Zeichen bei der Informationsdarstellung und -übermittlung verwendet werden. Betrachten wir folgendes Beispiel einer Information:

> Werte Frau Schulze!
> Wir gratulieren Ihnen zum Lotto-Hauptgewinn.

Inhaltlich, also semantisch betrachtet, liegt für Frau Schulze eine erfreuliche Information vor. Der Form nach stellt die Information jedoch nur eine Aneinanderreihung von Buchstaben, Leer- und Satzzeichen dar. Die Information liegt in Textform vor. Aber gerade diese und nur diese Informationsaufbereitung in Form einer Folge wohlbestimmter Zeichen ermöglicht dem Computer eine Analyse und Verarbeitung der Information im Rahmen einer vorgegebenen Verarbeitungsvorschrift.

Neben diesen, in Textform vorliegenden Informationen, gibt es auch Informationen in Form stetiger Kurven, z. B. analoger Spannungen (Elektrokardiogramm EKG). Solche Informationen müssen vor der Verarbeitung im Computer durch einen Analog-Digital-Wandler (A/D-Wandler) in einzelne Werte zerlegt werden. Ein solcher A/D-Wandler quantelt die Information in diskrete Werte, die sich nun wiederum als Text verarbeiten lassen. So können wir die Kurve des EKG in einzelne Punkte zerlegen, deren Koordinaten vom Computer verarbeitet werden.

In welcher konkreten Form die Informationen im Computer-Inneren verarbeitet werden, erfahren Sie im nächsten Abschnitt. Nun ist erst einmal erklärt, *was* Computer verarbeiten können. Als nächstes stellt sich die Frage, *wie* die Informationen prinzipiell verarbeitet werden.

Der *Informations-Verarbeitungsprozeß* läßt sich bei allen Computern auf fünf wesentliche Grundvorgänge zurückführen. Ein Computer kann Informationen

- darstellen
- speichern
- abrufen
- verknüpfen und
- übermitteln.

darstellen

speichern abrufen

über-
verknüpfen mitteln

Diese Grundfähigkeiten stehen dem Anwender je nach Computer-
spezifik zu komplexen Befehlen und Aktionen zusammengestellt zur
Verfügung.
Ganz grob kann man alle Computer in drei Gruppen, in Großrechen-
anlagen, Minicomputer und Mikrocomputer einteilen.
Dabei sollen uns die *Großrechenanlagen*, wie z.B. die ESER-Anlagen,
sowie die *Minicomputer* nicht interessieren.
Die Gruppe der *Mikrocomputer* läßt sich wiederum in drei Klassen
unterteilen.
Die erste Klasse der Mikrocomputer nennt man *Personal-* oder
Bürocomputer. Diese sind mit einem computerinternen Monitor als
Anzeigeeinheit ausgestattet und verfügen zum Teil über eine hochauflösende Grafik. Oft gehören zum Grundgerät auch eine oder
mehrere externe Speichereinheiten. Zusätzlich können ein Drucker
und Plotter (s. Abschnitt 8.) angeschlossen werden. Personalcomputer, wie z. B. der PC 1715, sind jedoch meist dem anspruchsvolle-
ren Einsatz vorbehalten (s. auch 7.4.).
Die nächste Klasse der Mikrocomputer bildet den Hauptgegenstand
dieses kleinen Buches. *Kleincomputer*, international auch als Home-
computer bezeichnet, sind programmierbare Computer mit einer
alphanumerischen Tastatur. Als Anzeigeeinheit wird wie bei Spielcomputern ein Fernsehgerät genutzt. Sie dienen bei uns vor allem
Lehr- und Lernprozessen.
Die letzte Klasse ist die Klasse der *Spielcomputer*. Diese Geräte besitzen keine eigene Anzeigeeinheit. Deshalb werden sie meist über
ein Kabel an den Antenneneingang eines Fernsehgerätes angeschlossen. Der Fernseher fungiert damit wie bei den Kleincomputern als
Anzeigeeinheit des Computers. Die Spielcomputer verfügen nicht
über eine alphanumerische Tastatur und sind vom Anwender direkt
nicht programmierbar. Dadurch besitzen sie nur einen geringen
Lerneffekt und bringen dem Anwender die eigentliche Computertechnik nicht näher.

Nachdem wir auch das Computerumfeld etwas beleuchtet haben, werden wir uns im nächsten Abschnitt mit dem Innenleben eines Kleincomputers vertraut machen.

Zusammenfassung

● Computer sind das Ergebnis einer kontinuierlichen Entwicklung der Rechentechnik über Jahrtausende, getrieben von menschlichem Erfindergeist. Wir finden sie in allen Bereichen der Volkswirtschaft und des gesellschaftlichen Lebens.

● Für unsere Computerarbeit benötigen wir einen Kleincomputer, einen Fernseher als Anzeigeeinheit und einen Kassettenrecorder als Speichereinheit. Als Kleincomputer stehen uns in der DDR zur Zeit der KC 85/1, der KC 85/2 und der KC 85/3 zur Verfügung.

● Einen Kleincomputer kann man sogar ohne jegliche Programmierkenntnisse im Dialogbetrieb nutzen. Darüber hinaus können wir selbstverständlich in BASIC oder Maschinencode programmieren.

● Kleincomputer gehören zur Gruppe der Mikrocomputer. Sie ordnen sich in dieser Gruppe nach Leistungsfähigkeit, Ausstattung und Preis zwischen den Personalcomputern als Obergrenze und den Spielcomputern als untere Begrenzung ein. Wie alle Computer sind Kleincomputer Maschinen, die Informationen verarbeiten. Form (Syntax) und Inhalt (Semantik) sind die charakteristischen Merkmale der Information.

2. Wie funktioniert ein Mikrocomputer?

2.1. Hardware, Software und anderes mehr

Neue Erscheinungen ziehen neue Begriffe nach sich. Auf Grund der Tatsache, daß viele neue Lösungen in der Computertechnik im englischen Sprachraum gefunden wurden und Englisch eine weitverbreitete und einfach zu handhabende Sprache ist, hat sich unter den Fachleuten weltweit ein aus vornehmlich englischen Sprachelementen bestehender Computerjargon herausgebildet. Durch die weite Verbreitung der neuen Technik mausern sich diese neuen Sprachelemente zu gängigen Internationalismen und werden früher oder später, vielleicht in abgewandelter Form, zum festen Bestandteil einer jeden Sprache. Wenn Sie sich nun mit den neuen Fachbegriffen vertraut machen, bekommen Sie in diesem Buch kein knallhartes, schwerverständliches Spezialwissen vorgesetzt, sondern Ihr Allgemeinwissen wächst einfach unserer Zeit eine Nasenlänge voraus.

Hardware und *Software* sind die ersten beiden Fachbegriffe, auf die der Neuling stoßen wird. Unter der *Hardware* eines Computersystems verstehen wir alles das, was physikalisch greifbar ist, alles das, „was wir anfassen können". Konkret gehören z.B. das Gehäuse, die Leiterplatten, die Tastatur, Transistoren und die IC's des Computers dazu. Schon läuft uns der nächste neue Begriff über den Weg. *IC* ist die Abkürzung für *Integrated Circuit*, was übersetzt soviel wie Integrierte Schaltung heißt und somit das von uns landläufig als integrierter Schaltkreis bezeichnete Bauelement meint.

Software eines Computers ist ganz einfach alles das, was nicht Hardware ist. Darunter verstehen wir also die Programme und Daten. Diese sind die einzigen Dinge, die man nicht anfassen kann.

Wie überall gibt es auch hier wieder einen Grenzfall. Die vom Computerhersteller in Halbleiterbauelementen fest installierten Programme sind als Programme gesehen Software, als Bauelemente gehören sie jedoch zur Hardware.

Um den sich daraufhin zwischen den Experten entfachenden Streit zu schlichten, wurde für all diejenigen, die diese fest installierten Programme nicht zur Software zählen möchten, ein dritter Begriff, die Firmware, eingeführt.

Unter *Firmware* verstehen wir also die vom Hersteller fest im Computer installierten Programme.

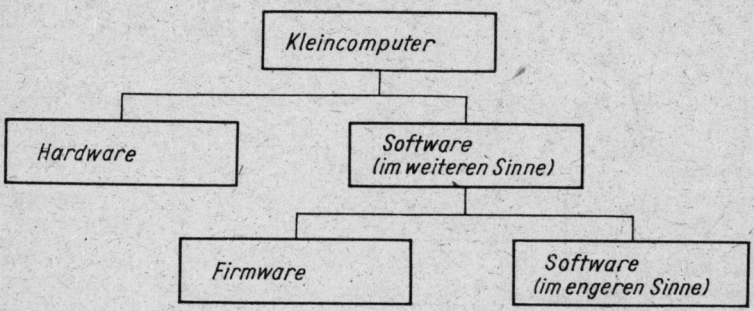

Bild 2.1.1. Für die Qualität eines Kleincomputers ist die Hardware nicht allein entscheidend. Ein gut angepaßtes, komfortables und umfangreiches Softwareangebot sowie eine solide Hardware machen in der Gesamtheit erst einen attraktiven Kleincomputer aus.

Das *Betriebssystem* ist das allerwichtigste fest installierte Programm in einem Computer. Es enthält die Grundprogramme, oder man sagt auch Grundroutinen, die den Computer erst funktions- bzw. „lebensfähig" machen. Denn sofort nach Einschalten des Computers müssen verschiedene Programme, wie z.B. Tastaturabfrage, Bildschirmsteuerung oder das Programm, das die Zusammenarbeit mit dem Kassettengerät organisiert, in Funktion treten bzw. abrufbereit sein.

Die Programme, die den Computer für einen konkreten Anwendungsfall spezifizieren, nennen wir *Anwenderprogramme*, da diese vom Anwender zusätzlich zu erwerben oder vom Anwender selbst zu erstellen sind.

Die Anwenderprogramme sind nach dem Einschalten des Computers mit Hilfe der Tastatur oder des Recorders einzugeben, da sie beim Ausschalten des Computers „verlorengehen".

2.2. Das Gehirn

Als nächstes werden wir uns mit der Hardware des Computers beschäftigen. Dazu stellen wir uns einfach vor, wir sezieren das Gehirn des Computers und schauen hinein. In der Schnittdarstellung würde sich uns dann folgendes Bild darbieten

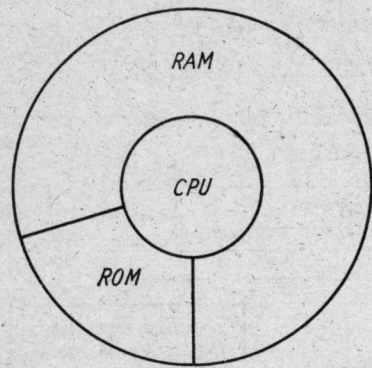

Bild 2.2.1. Schnittdarstellung eines „Computergehirns"

CPU   Zentrale Verarbeitungseinheit
ROM   Nur-Lese-Speicher (fest)
RAM   Arbeitsspeicher (flüchtig)

Als wichtigstes Element finden wir in jedem Computer einen Schaltkreis mit meist 40 Anschlüssen, den *Mikroprozessor*, auch *CPU* (*C*entral *P*rocessing *U*nit) genannt. Das ist das Zentrum, das alle Vorgänge und Prozesse im Computer regelt und steuert. Es ist das einzige Bauelement, das eine gewisse Intelligenz besitzt und so z.B. vermag, zweistellige Zahlen zu addieren oder zu subtrahieren. In den zur Zeit in der DDR produzierten Kleincomputern kommt der Mikroprozessor U 880 zum Einsatz. Um die CPU herum finden wir das „Gedächtnis", den Speicher (engl. memory) des Computers. Dieser gliedert sich in zwei Teile.
Der *ROM* (*R*ead-*O*nly-*M*emory, in deutsch Nur-Lese-Speicher oder Festwertspeicher) wird vom Hersteller programmiert und kann vom Anwender nur ausgelesen, aber nicht beschrieben werden. Er enthält die bereits erwähnte Firmware, also das Betriebssystem.
Der andere Teil des Speichers, der *RAM* (*R*andom-*A*ccess-*M*emory, in deutsch Speicher mit wahlfreiem Zugriff) ist der Arbeitsspeicher des Computers.

In diesem werden die Anwenderprogramme und die dazugehörenden Daten, also alle Informationen, die durch die Tastatur oder mit Hilfe des Recorders in den Computer geladen werden, abgelegt. Aber auch die Speicherung von Zwischenergebnissen der CPU erfolgt in diesem Bereich. Der RAM ermöglicht somit die Anwendungsvielfalt eines Computers, da hier die speziellen Anwenderprogramme abgelegt werden.

Er besitzt jedoch den Nachteil, daß beim Abschalten des Computers die Information des Speichers nicht gehalten wird und somit verlorengeht.

Deshalb müssen Programme, die man auf dem Computer erstellt hat und wieder verwenden möchte, vor dem Ausschalten des Computers auf ein Kassettenmagnetband gespeichert werden. Zur Abspeicherung schaltet man den angeschlossenen Recorder auf Aufnahme und gibt dem Computer das entsprechende Kommando zum Abspeichern ein.

Die Information im ROM bleibt dagegen auch im abgeschalteten, stromlosen Zustand erhalten und ist nach dem Einschalten des Computers sofort wieder abrufbar. Der ROM ist somit die Hardware-Voraussetzung für ein funktionierendes Betriebssystem. Viele Computerhersteller haben den BASIC-Interpreter, also das Programm, das den Computer erst BASIC-programmierbar macht, im ROM untergebracht. Der BASIC-Interpreter als Firmware ist damit nach dem Einschalten des Computers sofort betriebsbereit und braucht nicht erst geladen zu werden.

Andere Hersteller bieten den BASIC-Interpreter als zusätzliche Software z. B. auf Magnetbandkassette an. Diese Konzeption macht das Computersystem flexibel, da es nicht auf die Sprache BASIC festgelegt ist. So könnte man prinzipiell auch irgendeine andere Sprache, z. B. FORTH, laden und hätte damit einen FORTH-programmierbaren Computer.

Die Größen der beiden Speicherbereiche sind entscheidende Parameter eines Computers. Aus der Größe und dem Inhalt des ROM kann man auf Komfort und Umfang des Betriebssystems bzw. der Monitorroutinen schließen. Unter *Monitor* ist hier nicht der Bildschirm zu verstehen, sondern das Betriebssystem, das es auch ermöglicht, „in den Computer hineinzuschauen". Über den Monitor hat der Anwender direkt Kontakt zum Computer-Inneren. Je größer der RAM ist, um so längere und komfortablere Programme und um so größere Datenmengen kann man verarbeiten. Mit der Größe des Arbeitsspeichers wächst somit auch die Anwendungsbreite des Computers.

Ein damit verbundener und weiterer, wesentlicher Gesichtspunkt ist die *Speichererweiterungsmöglichkeit*. Bisher erschöpfte sich diese bei Kleincomputern meist bei einer Größe von 64 oder 128 KByte RAM. (Was ein KByte konkret ist, erfahren Sie im nächsten Abschnitt.) Hier setzte der KC 85/2 aus Mühlhausen für Kleincomputer neue Maßstäbe.

Durch eine spezielle Steuerung wurde es möglich, mehrere Speichereinheiten quasi gleichzeitig zu betreiben, so daß der Speicherbereich theoretisch weit über 64 KByte aufrüstbar ist. Diese Erweiterungsmöglichkeit ist jedoch nur mit entsprechend hochintegrierten Schaltkreisen (64 KBit RAM) sinnvoll. Diese wenigen Begriffe sollen uns vorerst zur Einführung in die Computer-Hardware und ihrer Funktionsweise ausreichen.

2.3. Zählen mit Bit und Byte

In der ganzen Welt rechnen die Menschen vorzugsweise mit dem Dezimal- oder Zehnersystem. Das bedeutet, daß das Zahlensystem aus 10 Ziffern (0 bis 9) besteht und der Stellenwert einer Ziffer in einer Zahl dieser Ziffer eine bestimmte Zehnerpotenz-Wertigkeit zuordnet.

Der Inhalt dieser komplizierten Formulierung ist an einem Beispiel schnell erklärt.

$$4275 = 4 \cdot 10^3 + 2 \cdot 10^2 + 7 \cdot 10^1 + 5 \cdot 10^0$$

Wenn wir uns eine dezimale Zahl in dieser Weise zerlegt aufschreiben, wird es anschaulich klar, daß die Stellung der einzelnen Ziffer eine bestimmte Zehnerpotenz-Wertigkeit ausdrückt. Mit diesen Selbstverständlichkeiten verraten wir nichts Neues. Es kommt hier nur darauf an, diese Selbstverständlichkeiten zum Verständnis der Thematik voll bewußt zu machen.

Die weltweite Durchsetzung des Zehnersystems (denn es hätte mathematisch gesehen genau so gut z.B. ein 8er- oder 16er- System sein können) liegt wohl in der Tatsache begründet, daß die ersten Rechenhilfsmittel des Menschen seine beiden Hände waren.

Der Computer besitzt jedoch keine 10 Finger zum Zählen. Dafür kann er technisch leicht zwei verschiedene Zustände – Strom oder kein Strom – unterscheiden. Diese beiden Zustände erhalten die mathematischen Werte 0 und 1. Ein Informationsträger, der nur einen der beiden Werte 0 oder 1 annehmen kann, trägt die kleinste Informationseinheit, ein *Bit* (binary digit = Zwei-Zustand). Ein Bit ist die einzige und kleinste verarbeitbare Informationseinheit für unseren Computer. Er reiht viele solcher Bits aneinander und weist von rechts nach links aufwärts jeder Stelle dieser Reihe eine bestimmte Zweier-Potenz-Wertigkeit zu. Dabei werden die erste Stelle mit 2^0, die zweite Stelle mit 2^1, die dritte Stelle mit 2^2 usw. multipliziert. Betrachten wir die Summe dieser Produkte (Bitbelegung × Bitwertigkeit), so können wir aus den Bitfolgen die uns bekannten Zahlen (0, 1, 2, 3 usw.) ablesen. Wir wollen uns dies durch Darstellung der Zahl 13 als Bitfolge veranschaulichen.

	Bit 7	Bit 6	Bit 5	Bit 4	Bit 3	Bit 2	Bit 1	Bit 0
Wertigkeit	2^7	2^6	2^5	2^4	2^3	2^2	2^1	2^0
Belegung	0	0	0	0	1	1	0	1

Auswertung der Belegung
$$0\times2^7+0\times2^6+0\times2^5+0\times2^4+1\times2^3+1\times2^2+0\times2^1+1\times2^0$$
$$= 13$$

Sicher haben Sie bereits mit scharfem Auge entdeckt, daß wir es bei unserem Bitmuster mit einem Zweier-Zahlensystem zu tun haben. Ein solches System nennt man auch *Binär-* oder *Dualsystem.*

Es läßt sich leicht errechnen, daß mit 3 Bit 8, mit 4 Bit 16, mit 5 Bit 32 … und mit n Bit 2^n verschiedene Zustände (Zahlen) dargestellt werden können. Um die Ziffern 0 bis 9 darzustellen, benötigen wir also mindestens eine vierstellige Bitkombination. Diese ermöglicht jedoch die Darstellung von 16 verschiedenen Ziffern, die Basis für das Hexadezimalsystem sind. Dieses Zahlensystem ist binär, wie in Tabelle 1, S. 24, dargestellt, aufgebaut.

Da unsere arabischen Ziffern nicht ausreichen, bezeichnen wir die letzten Ziffern des hexadezimalen Zahlensystems mit A, B, C, D, E und F. Die Wertzuordnung geht aus Tabelle 1 hervor. Die Begriffe *Hexadezimalsystem* und *hexadezimal* werden meist durch das Kürzel Hex ersetzt. Schauen wir uns an, wie sich die hexadezimale Zählweise konkret von der dezimalen unterscheidet (Tabelle 2).

Um Verwechslungen vorzubeugen, hängt man an die Hex-Zahl ein H an und spricht Hex. Wollen wir z. B. 21 als Hex-Zahl darstellen, so schreiben wir 15H. Diese Zahl ist nun nicht mehr mit der Dezimal-

Tabelle 1

Wertigkeit: 2^3 ($=8$) Bit 3	2^2 ($=4$) Bit 2	2^1 ($=2$) Bit 1	2^0 ($=1$) Bit 0	Hexa-dezimal	Dezi-mal
0	0	0	0	0	0
0	0	0	1	1	1
0	0	1	0	2	2
0	0	1	1	3	3
0	1	0	0	4	4
0	1	0	1	5	5
0	1	1	0	6	6
0	1	1	1	7	7
1	0	0	0	8	8
1	0	0	1	9	9
1	0	1	0	A	10
1	0	1	1	B	11
1	1	0	0	C	12
1	1	0	1	D	13
1	1	1	0	E	14
1	1	1	1	F	15

zahl 15 zu verwechseln. Der Wertunterschied läßt sich am anschaulichsten durch eine Zerlegung der Zahlen demonstrieren.

$$15 \ = 1 \cdot 10^1 + 5 \cdot 10^0 = 15$$
$$15H = 1 \cdot 16^1 + 5 \cdot 16^0 = 21$$

Ein weiterer Vorteil der Hex-Zahlen ist Ihnen bestimmt auch schon aufgefallen. Dreistellige Dezimalzahlen bis 255 lassen sich durch zweistellige Hex-Zahlen bis FF darstellen.

Das spart Speicherplatz!

Apropos Speicherplatz; wie sieht das eigentlich im Speicher aus? Liegen die Bit da locker herum, oder sind sie geordnet? Sie sind geordnet, nämlich nach *Adressen*. Jeweils 8 Bit, also eine zweistellige Hex-Zahl, sind unter einer Adresse abgelegt. Die Adressen selber sind ebenfalls Hex-Zahlen. Auf Grund dieser Speicheranordnung hat man die nächstgrößere Informationseinheit des Bit als ein Byte = 8 Bit festgelegt (s. Bild 2.3.1).

1024 Byte, also 2^{10} Byte, sind 1 KByte (gesprochen: „Ka-Bait"); im Gegensatz zu 1 kByte (1 Kilobyte = 1000 Byte). Nun wissen wir auch, was es bedeutet, wenn in den technischen Daten zum Computer z.B. beim KC 85/3 steht „Arbeitsspeicher des Grundgerätes: 32 KByte".

Tabelle 2

Hex.	Bezeichnung	Dez.	Bezeichnung
...			
E	E	14	Vierzehn
F	F	15	Fünfzehn
10	Zehn	16	Sechzehn
11	Elf	17	Siebzehn
...			
19	Neunzehn	25	Fünfundzwanzig
1A	Eins A	26	Sechsundzwanzig
1B	Eins B	27	Siebenundzwanzig
...			
1F	Eins F	31	Einunddreißig
20	Zwanzig	32	Zweiunddreißig
21	Einundzwanzig	33	Dreiunddreißig
...			
9E	Neun E	158	Einhundertachtundfünfzig
9F	Neun F	159	Einhundertneunundfünfzig
A0	A Null	160	Einhundertsechzig
A1	A Eins	161	Einhunderteinundsechzig
...			
FE	F E	254	Zweihundertvierundfünfzig
FF	F F	255	Zweihundertfünfundfünfzig
100	Einhundert	256	Zweihundertsechsundfünfzig
usw.			

Beispiel

Bild 2.3.1. Auf dem Speicherplatz mit der Adresse 24A1 ist der Wert 2B abgelegt.

Der erste Speicherplatz, also das erste Byte des RAM, liegt beim KC 85/2 auf der Adresse 0000H, das zweite auf 0001H, das dritte auf 0002H usw.

Das erste KByte des RAM erstreckt sich damit von Adresse 0000H bis 03FFH. Denn im Bereich von 0H bis einschließlich FFH liegen bekanntlich 100H oder 256 Speicherplätze.

Multiplizieren wir diesen Speicherbereich mit 4, so erhalten wir einen Speicherumfang von 400H oder 1024 Byte, also einem KByte. Da bereits 0000H eine Speicherstelle adressiert, erstreckt sich der Speicherbereich des ersten KByte RAM über die oben genannten Adressen.

In gleicher Weise ist der ROM, der Festwertspeicher, zu adressieren. Die Speichergliederung, d. h., auf welchen Adressen welcher Speicherbereich liegt, ist dem Hersteller überlassen. Der U 880 vermag wie alle Mikroprozessoren seiner Größe, insgesamt einen Speicherbereich von 64 KByte von 0000H bis FFFFH direkt zu adressieren.

Die Speicherinhalte, also die Programme, werden unabhängig von der Programmiersprache immer entsprechend der Architektur der Speicherplätze (je 8 Bit) in Form von zweistelligen Hex-Zahlen abgelegt.

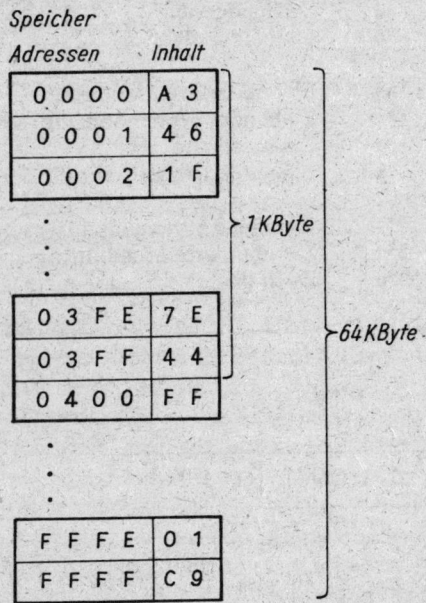

Bild 2.3.2. Schematische Darstellung des Speichers

Sicherlich wird Ihnen als Neuling nach diesen Ausführungen der Kopf etwas „hexadezimal rauchen". Aber, wenn Sie in BASIC programmieren, brauchen Sie sich um die Speicheradressierung und die hexadezimalen Speicherinhalte nicht zu kümmern. Sie programmieren in der leichtverständlichen Sprache BASIC und rechnen weiter wie gewohnt dezimal.

26

Den Rest erledigt für Sie der BASIC-Interpreter.

Trotzdem ist es vorteilhaft, wenn man den Aufbau und die Arbeitsweise des Computers im Prinzip kennt.

Ein Autofahrer, der prinzipiell den Motor kennt, auch wenn er ihn niemals reparieren wird, fährt bestimmt besser, entsprechend der Arbeitsweise des Motors, als ein Fahrer, bei dem das technische Wissen um das Auto am Tankeinfüllstutzen endet.

2.4.   Memory heißt Speicher

Nein, wird mancher Leser vielleicht sofort protestieren, Memory heißt übersetzt Gedächtnis. Das stimmt. Das Gedächtnis eines Computers besteht jedoch aus den bereits erwähnten Speichern, wodurch die Übersetzung der Überschrift in bezug auf Computer wieder gerechtfertigt ist. Nachdem wir die innere hexadezimale Struktur von Rechnern kennengelernt haben, werden wir uns noch einmal etwas eingehender mit dem RAM, dem Arbeitsspeicher, der seine Information beim Abschalten des Computers verliert, und dem ROM, dem Festwertspeicher, beschäftigen. Der ROM enthält das Betriebssystem, auch Monitorprogramm genannt. Dieses *Programmpaket* sorgt dafür, daß die elementaren Grundfunktionen des Computers, wie z. B. die Tastaturabfrage oder Bildschirmansteuerung, sofort nach dem Einschalten des Gerätes realisiert werden. Darüber hinaus finden wir bei Kleincomputern oft den BASIC-Interpreter als fest installiertes Programm im ROM. Im RAM werden von externen Speichern, wie z. B. von einem Recorder, eingelesene Anwenderprogramme oder vom Anwender selbst eingegebene Programme abgelegt. Hier darf man jedoch nicht dem Irrtum verfallen, daß der gesamte im Datenblatt angegebene Arbeitsspeicher für die eigenen Anwenderprogramme zur Verfügung steht. Deshalb sind in den meisten Veröffentlichungen zwei Angaben zum RAM wie z. B. „Arbeitsspeicher" und „frei verfügbarer Arbeitsspeicher" enthalten.

Die Differenz aus dem gesamten Arbeitsspeicher und dem, was dem Anwender für seine Programme noch tatsächlich zur Verfügung steht, setzt sich aus dem *Bildwiederholspeicher* und dem für das Betriebssystem reservierten Arbeitsspeicher zusammen. Der für das Betriebssystem reservierte RAM, in dem z. B. Zwischenergebnisse der Abarbeitung der Monitorroutinen abgelegt werden, ist vernachlässigbar klein und wird meistens nicht erwähnt. Der Bildwiederholspeicher oder *IRM* (*I*mage *R*epetition *M*emory) kann jedoch einen ganz beträchtlichen Umfang annehmen. In diesem Speicherbereich ist der aktuelle Bildschirminhalt, also die Zeichen und Grafiken, die gerade auf dem Bildschirm zu sehen sind, gespeichert. Der Umfang des IRM wird von den Grafik- und Farbmöglichkeiten des Computers bestimmt. Wird auf die Farbdarstellung verzichtet und eine einfache Quasigrafik mit 128 festgelegten Grafikzeichen realisiert, wie z.B. beim KC 85/1, so kommt man bereits mit einem IRM von einem KByte aus. Für eine hochauflösende Grafik mit 81 920 Bildpunkten und Farbdarstellung, wie beim KC 85/2, müssen jedoch fast 15 KByte RAM für den IRM bereitgestellt werden. Dadurch stehen von den insgesamt 32 KByte RAM der KC 85/2-Grundausstattung nur etwas mehr als 17 KByte für eigene Anwenderprogramme zur Verfügung. Möchte man in BASIC programmieren und der BASIC-Interpreter wird als nachladbare Software wie im Falle des KC 85/1 oder des KC 85/2 angeboten, so muß man den Speicherplatz, den der BASIC-Interpreter belegt, von dem eben ermittelten freien Speicherplatz noch subtrahieren. Diese Rechnung sollte aber wenigstens 4 KByte freien RAM für den Anwender ergeben. Dies ist ein vertretbares Minimum für Kleincomputer, das über eine längere Zeit dem Lernenden die Realisierung vieler seiner Computer-Ideen gewährleistet. Sollen Programme größeren Umfangs bearbeitet werden, so ist ein Speicherausbau möglich. Dies kann einmal durch zusätzliche RAM-Speichereinheiten geschehen, zum anderen aber auch durch einen zusätzlichen ROM-Baustein, in dem der BASIC-Interpreter gespeichert ist. Wird dieser Baustein in das Computersystem eingesetzt, so kann der bisher vom BASIC-Interpreter belegte RAM-Bereich für eigene Anwenderprogramme zusätzlich genutzt werden.

Da in Kleincomputern vornehmlich Mikroprozessoren, die einen Speicherbereich bis maximal 64 KByte direkt adressieren können, zum Einsatz kommen, besteht prinzipiell stets eine Speicherausbaufähigkeit bis zu dem eben genannten Umfang. Durch eine spezielle Steuerung, wie wir sie z.B. beim KC 85/2 finden, ist es aber auch möglich, einen wesentlich größeren Speicherumfang als den direkt adressierbaren zu nutzen.

Die Speichergliederung oder Speicherverteilung, das heißt, auf welchen Adressen sich welche Speichereinheiten befinden, ist von Computer zu Computer verschieden.

Die Speicherverteilung wird vom Hersteller insbesondere unter dem Gesichtspunkt der unkomplizierten Eingliederung von Speichererweiterungseinheiten in den in der Grundausstattung nicht belegten Speicherplatz festgelegt.

2.5.   Die Schnittstellen

Inzwischen kennen wir schon die drei wichtigsten Baugruppen des Computers: den Mikroprozessor oder die CPU, den Arbeitsspeicher, auch RAM genannt, und den Festwertspeicher oder ROM. Damit diese zusammen arbeiten können, sind sie über eine Anzahl von Leitungen verbunden. Diese gliedern sich in drei Gruppen, den *Adreßbus*, den *Datenbus* und den *Steuerbus*.

Da diese Baugruppen nicht zum Selbstzweck funktionieren, ist an den Bus (also an das Leitungssystem) ein E/A-Baustein [Eingabe-Ausgabe-Baustein, englisch: I/O-Chip (Input/Output)] angeschlossen. Dieser Baustein ermöglicht es dem Computer, mit der Umwelt, z.B. durch die Tastatur, in Verbindung zu treten.

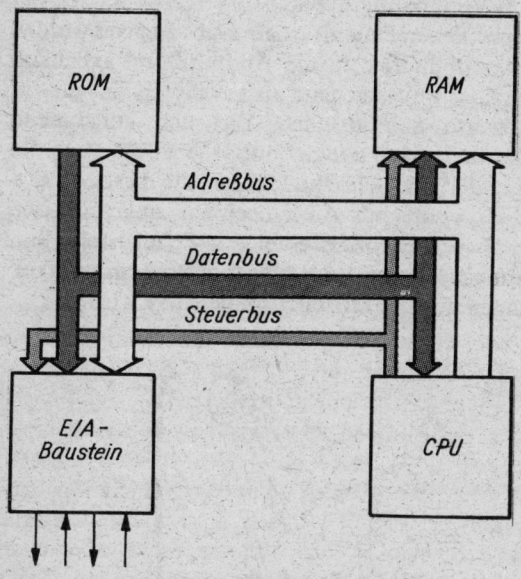

Bild 2.5.1. Prinzipielles Blockschaltbild mit den grundlegenden Baugruppen eines Kleincomputers

Dieser E/A-Baustein reicht jedoch meist nicht für den Anschluß peripherer Geräte, wie z.B. Fernseher oder Recorder aus, da die computerinternen Daten meist ein anderes Format haben als die Daten, die ein Peripheriegerät verarbeiten kann. Deshalb wird an die Schnittstellen vom Computer und dem Peripheriegerät ein *Interface* geschaltet. Ein Interface wandelt die computerinternen Signale in ein dem

29

Peripheriegerät „verständliches" Datenformat um. Umgekehrt realisiert das Interface auch die Anpassung der Daten peripherer Geräte an das Datenformat des Computers. So hat z.B. das Recordcrinterface die Aufgabe, die vom Computer kommenden, abzuspeichernden Informationen in Signale im Tonfrequenzbereich umzuwandeln, da ein Kassettenmagnetband nur zur Aufnahme solcher Signale geeignet ist. Umgekehrt, beim Laden von Programmen, werden diese Signale durch das Interface in „dem Computer verständliche" Signale umgewandelt. Die Interfaces finden wir sowohl im Computer eingebaut als auch äußerlich mit dem Zusatzgerät ansteckbar.

Ein weiteres wichtiges Interface ist das Videointerface. Es ermöglicht die Anpassung des Fernsehers als Anzeigeeinheit. Spielhebel, Drucker oder andere Computer können mit unserem Computer ebenfalls nur über solche Interfaces in Verbindung treten.

Um die Anzahl der verschiedenen Datenformate nicht zu groß werden zu lassen und die Kompatibilität, d.h. die Anschlußverträglichkeit zweier Systeme oder Geräte, weitestgehend zu gewährleisten, gibt es international standardisierte Schnittstellen, die sich zunehmend durchsetzen. Eine solche weitverbreitete Schnittstelle ist die V.24. So kann z.B. jeder Drucker oder jede Schreibmaschine, die diese Schnittstelle besitzt, an jeden Computer als Ausgabeeinheit angeschlossen werden, der für diesen Zweck ebenfalls eine V.24-Schnittstelle hat. Als Verbindungsglied fungiert ein gerätespezifisches Programm (Treiber), welches im allgemeinen vom Hersteller mitgeliefert wird.

Über das Bussystem, den E/A-Baustein und verschiedene Interfaces ist der Computer also mit uns oder anderen Geräten kommunikationsfähig.

Zusammenfassung

• Ein Computer besteht aus der *Software* und der *Hardware*. Unter Software verstehen wir die Programme und Informationen eines Computers. Alles andere, physisch Gegenständliche des Computers bezeichnet man als Hardware.

• Die wichtigsten drei Hardware-Bausteine sind die *CPU* (Mikroprozessor), der *RAM* (Arbeitsspeicher) und der *ROM* (Festwertspeicher). Diese sind durch ein Leitungssystem, das Bus genannt wird, miteinander verbunden. Über den E/A-Baustein und verschiedene Interfaces wird der Kontakt des Computers zur Umwelt hergestellt.

• Das *Betriebssystem*, also die Grundroutinen, die den Computer nach dem Einschalten sofort funktionsfähig machen, sind vom Hersteller fest im ROM abgelegt.

Die *Anwenderprogramme*, die den Computer für einen bestimmten Einsatzzweck spezifizieren, werden vom Anwender von der Kassette in den RAM gelesen bzw. mit dem Computer erstellt und dabei im RAM abgelegt.

• Die kleinste *Informationseinheit* ist das *Bit*. Ein Bit kann zwei Werte annehmen, 1 oder 0. Mit vier Bit sind dual 16 verschiedene Werte darstellbar. Jeweils 8 Bit werden vom Computer als zwei hexadezimale Ziffern (Ziffern eines 16er Zahlensystems) verarbeitet und unter einer Adresse gespeichert. 8 Bit sind ein Byte. Jeder adressierbare Speicherplatz ist ein Byte groß. Die Speicherplätze werden vom Mikroprozessor hexadezimal von 0000H bis FFFFH, soweit wie vorhanden, direkt adressiert.

2^{10} Byte = 1024 Byte sind ein KByte.

Die *Speicherinhalte*, also die Programme und Daten, werden intern stets in Form von aufeinanderfolgenden zweistelligen Hex-Zahlen abgelegt.

• Die Kenntnis der internen hexadezimalen Struktur des Computers besitzt für den Anwender im Hauptanwendungsfall, der *BASIC-Programmierung*, nur informativen Charakter. Es ist durchaus möglich, ohne diese Kenntnisse BASIC zu erlernen.

● Mit einem Blockschaltbild des KC 85/2 wollen wir das Kapitel beschließen. Es veranschaulicht am Beispiel das Zusammenwirken der wichtigsten Baugruppen eines Kleincomputers. Darüber hinaus sind auch drei *Erweiterungsanschlüsse* erkennbar, auf die wir aber erst in Abschnitt 6. näher eingehen werden.

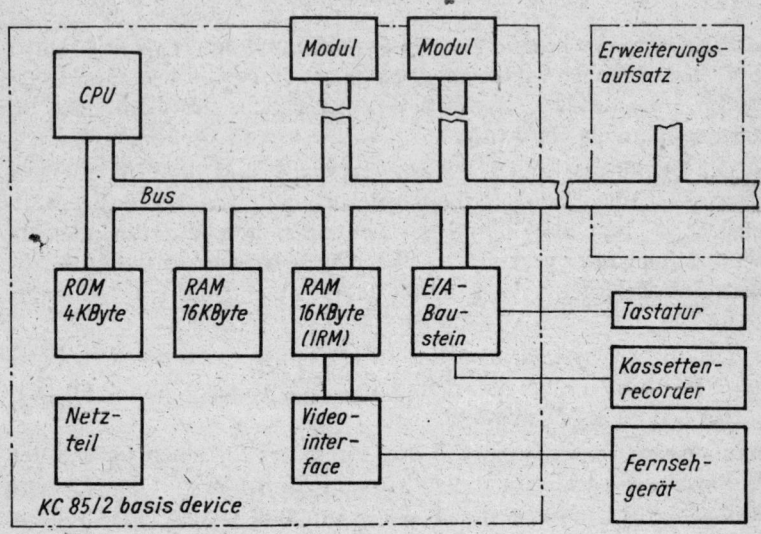

Bild 2.6.1. Blockschaltbild des KC 85/2

3. Ein Plausch
mit Freund Computer

3.1. Wer dolmetscht?

Im Film sprechen die handelnden Personen, unabhängig davon, ob
es sich um CÄSAR im alten Rom oder um einen Außerirdischen in
ferner Zukunft handelt, meist in der Sprache des Landes, das den
Film gerade ausstrahlt.

Wird z.B. ein japanischer Gegenwartsfilm oder ein englischer Krimi
in unserem Sprachraum dargeboten, so ringen sich die Akteure meistens zur deutschen Sprache durch. Die Originaltexte werden in die
jeweilige Landessprache übersetzt, und der Film wird entsprechend
synchronisiert. Es wäre doch für die meisten von uns kaum auszu-
denken, wenn die gewichtigen Geistesblitze des Kommissars in der
entscheidenden Situation in umgangssprachlichem Englisch vorge-
tragen würden.

Nicht unähnlich sind die Verständigungsprobleme zwischen Mensch
und Computer. Denn der „Originaltext", den unser Computer, konkret die CPU, versteht, ist der binäre Maschinencode. Aber ebenso-
wenig, wie wir zum Verständnis eines synchronisierten EDGAR-
WALLACE-Streifens die englische Sprache beherrschen müssen, können wir auch unseren Kleincomputer programmieren, ohne die Maschinensprache zu beherrschen. Findige Leute haben eigens zu diesem
Zweck Computer-Hochsprachen entwickelt, die entschieden einprägsamer und leichter zu handhaben sind als der Maschinencode.

Nun ergibt sich zwangsläufig die Frage der Überschrift. Wer dol-
metscht unsere in Hochsprache eingegebenen Anweisungen für den
Mikroprozessor, der nur Maschinensprache versteht?

Diese Aufgabe erledigt ein *Hilfsprogramm*. In über 70 Prozent der in
der Welt vorhandenen Mikrocomputer ist dieses Programm ein
BASIC-Interpreter. Ein BASIC-Interpreter setzt die Anweisungen der

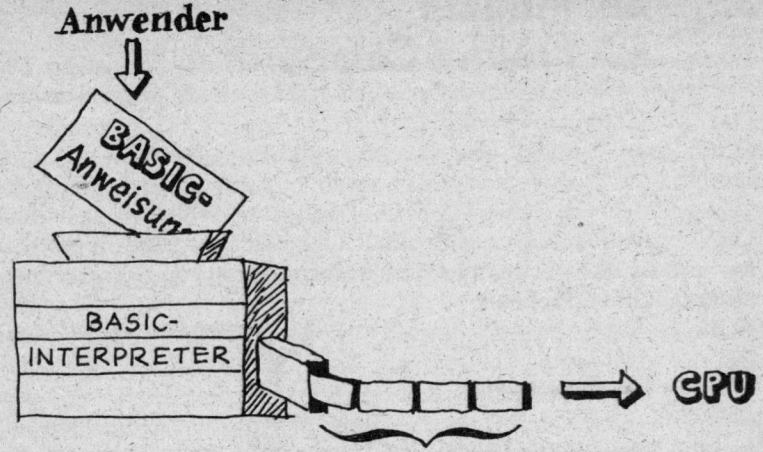

Anwender

BASIC-Anweisung

BASIC-INTERPRETER

CPU

Folge von hexadezimalen Maschinenbefehlen

Bild 3.1.1. Funktion des BASIC-Interpreters

Hochsprache BASIC in eine Reihe von Maschinenbefehlen um – er interpretiert also die BASIC-Anweisung als eine Folge von Mikroprozessor-Befehlen.

Verfolgen wir nun im weiteren den Weg der BASIC-Anweisung von der Eingabe bis zu seiner Ausführung als Folge von einfachen Maschinenbefehlen.

Beim ersten Schritt der *Abspeicherung* der BASIC-Anweisung wird diese selbstverständlich nicht in voller Länge in dem RAM abgelegt. Geben wir z.B. die Anweisung PRINT (PRINT wird beim Erlernen der Sprache BASIC meist als erste Anweisung eingeführt) ein, so wird nicht die Buchstabenfolge PRINT abgespeichert, sondern das zu dieser Anweisung gehörende Bitmuster, welches in diesem Fall dem Hex-Code 9E entspricht. So sucht der Mikroprozessor für jede BASIC-Anweisung einen entsprechenden Code heraus, den er jedoch nur intern benutzt.

Beim zweiten Schritt, der *Ausführung* der Anweisung, wird durch diesen Code ein spezielles Maschinencode-Unterprogramm aufgerufen, das genau das bewirkt, was wir von der eingegebenen BASIC-Anweisung erwarten.

Das Programm für eben diese beiden Schritte nennen wir den BASIC-Interpreter. Wie wir bereits erfahren haben, kann dieses Programm sowohl im ROM als auch im RAM stehen. Im letzten Fall muß es jedoch immer erst nach dem Einschalten des Computers geladen werden.

Selbstverständlich gibt es noch andere Computer-Hochsprachen. Die ersten problemorientierten Computer-Hochsprachen wurden in den fünfziger Jahren entwickelt.

FORTRAN ist die dienstälteste problemorientierte Computersprache. Der Name der Sprache entstammt den Worten FORmula TRANslation (in deutsch: Formel-Übersetzung). Sie wurde in den USA zur Bearbeitung wissenschaftlich-technischer Aufgaben geschaffen und ist auch heute noch auf Bürocomputern und Großrechenanlagen weit verbreitet.

ALGOL wurde als europäisches Äquivalent zu FORTRAN Ende der fünfziger Jahre entwickelt. Diese Sprache fand insbesondere für Lehrzwecke eine große Verbreitung.

COBOL (COmmon Business Orientated Language) ist eine Programmiersprache, die speziell für die kommerzielle Datenverarbeitung geeignet ist.

LISP erweist sich bei der Verarbeitung von Daten in Listenform als vorteilhaft. Sie erlangte bisher auf Mikrocomputern noch keine große Bedeutung.

In den sechziger und siebziger Jahren wurden diese Sprachen weiterentwickelt und verbessert. Parallel zu diesen Weiterentwicklungen schuf man auch neue Sprachen, die vorteilhafte Elemente der bereits vorhandenen und verbreiteten Programmiersprachen nutzten.

So entstanden auf der Grundlage von FORTRAN PILOT und BASIC. ALGOL stand Pate bei den Sprachen C, PASCAL und ADA. LISP war Voraussetzung für FORTH und LOGO.

Mit Ausnahme von C und ADA sind diese jüngeren Computersprachen für Mikrocomputer sehr gut geeignet. Neben BASIC gewinnen PASCAL und FORTH zunehmend an Bedeutung.

PASCAL bietet die Möglichkeit einer sauberen, übersichtlichen und klar strukturierten Programmierung bei einem relativ kleinen Sprachumfang.

FORTH zeichnet sich als „maschinennahe" Sprache durch eine schnelle Ausführung der Anweisungen aus. Dieser Vorteil kommt besonders bei Steuerungsaufgaben oder schneller Computergrafik zum Tragen.

An dieser Stelle möchten wir unseren Programmiersprachen-Exkurs beenden. Zu den genannten Sprachen finden Sie weitere Informationen in Abschnitt 8. Darüber hinaus gibt es noch eine Vielzahl anderer Programmiersprachen, die jedoch im Vergleich zu den genannten wenig verbreitet und damit für uns unbedeutend sind. Aus dieser

Sprachenvielfalt hat sich BASIC auf Grund ihrer spezifischen Eigenschaften, auf die wir im nächsten Abschnitt näher eingehen werden, auf Kleincomputern als komfortable Sprache für Einsteiger durchgesetzt.

Zur Vollständigkeit soll noch eine vom Interpreter grundsätzlich verschiedene Möglichkeit der Übersetzung einer höheren Sprache in die Maschinensprache erwähnt werden. Dieses andere „Dolmetscher-Programm" nennt man *Compiler*.

Im Gegensatz zum Interpreter wird hier nicht Anweisung für Anweisung während der Programmabarbeitung stets erneut übersetzt, sondern ein Compiler übersetzt ein Programm insgesamt in ein vollständig in Maschinensprache geschriebenes ablauffähiges Programm. Damit braucht der Compiler während der Abarbeitung des Programms nicht im Speicher zu sein, und es steht dem eigentlichen Programm samt Daten mehr Speicherplatz zur Verfügung.

Da jeder abzuarbeitende Befehl nicht wie beim BASIC-Interpreter während des Ablaufs übersetzt werden muß, sind Compiler-Programme auch wesentlich schneller.

Aus diesen Gründen wird dem Compiler im professionellen Bereich der Vorzug gegeben.

Für den Nichtexperten zählen jedoch solche Eigenschaften, wie leichte Bedienbarkeit, einfache Testmöglichkeit und unkomplizierte Fehlerkorrektur. Mit diesen Qualitäten sichert der Interpreter im Gegensatz zum Compiler dem Anfänger sofort erste Erfolgserlebnisse bei leicht überschaubarer Programmierung und vielfältigen, effektiven Anwendungsmöglichkeiten.

3.2. BASIC

In diesem Abschnitt erfahren wir etwas über die Herkunft der Programmiersprache BASIC und schauen uns erstmalig die Sprache etwas näher an. Dazu unternehmen wir keine theoretischen Klimmzüge, sondern gehen gleich locker an das Probieren. Die unkomplizierte Handhabung dieser Programmiersprache wird im simulierten Dialog mit dem Computer deutlich.

Eine umfassende Vorstellung der Sprache BASIC finden Sie im nächsten Kapitel.

Von den Anfängen der Computertechnik bis heute wurde eine Fülle von höheren Programmiersprachen entworfen. Warum von diesen nur einige eine besondere Verbreitung gefunden haben, liegt an verschiedenen Fähigkeiten, die die Sprachen in bestimmten Anwendungsgebieten anderen Sprachen überlegen machen. Die im kommerziellen Bereich weitverbreiteten Sprachen, wie z. B. FORTRAN, sind jedoch alle mit dem typischen Nachteil eines Compilers behaftet: Sie sind umständlich in der Handhabung.

Mit dem Einsatz der Rechentechnik als Hilfsmittel in den verschiedensten Gebieten stieg auch der Bedarf an Programmierern. Es galt daher eine Sprache zu schaffen, die vorerst den Studenten und in der Perspektive auch einem wesentlich größeren Personenkreis von Nichtfachleuten einen leichten Einstieg in die Programmierung gestattet. Konkret sollte diese Sprache folgenden *Forderungen* genügen:

– Der Programmierer ist bereits mit einer teilweisen Beherrschung der Sprache in der Lage, vielseitige und effektvolle Programme zu schreiben.

– Um die Sprache überschaubar zu halten, ist mit einem Minimum an Anweisungen auszukommen.

– Die Syntax (die Satzlehre) soll leicht erlernbar und gut zu merken sein.

– Der Programm-Test soll unkompliziert gestaltet sein.

Auf Grund dieser Anforderungen wurde Mitte der sechziger Jahre von JOHN G. KEMENY und THOMAS E. KURTZ auf dem Dartmouth College in New Hampshire (USA) die Sprache BASIC entwickelt.

BASIC stellt dabei die Abkürzung der Worte „Beginner's All purpose Symbolic Instruction Code", also „Universelle Programmiersprache für Anfänger" dar. Die Sprache ist, wie schon der Name sagt, universell, d. h. sowohl zur Bearbeitung numerischer Probleme, als auch zur Textverarbeitung geeignet. BASIC stellte sich innerhalb kurzer Zeit als erfolgreich heraus. Nichterfahrene Anwender vermochten ihre Aufgaben mit Hilfe des Computers relativ schnell zu lösen.

Die Sprache BASIC wurde ständig weiterentwickelt, und es bildete sich bald eine Vielzahl herstellerspezifischer BASIC-Dialekte heraus. Eine der populärsten BASIC-Versionen ist das BASIC der Firma „Microsoft".

Um eine konkrete Vorstellung von der BASIC-Programmierung zu erhalten, simulieren wir jetzt Schritt für Schritt einige einfache Vorgänge vom Einschalten des Computers bis zum Ablauf eines kleinen Programms an unserem gedanklich existierenden Computer durch. Falls Ihnen ein Kleincomputer zur Verfügung stehen sollte, so können Sie diesen Abschnitt auch mit Hilfe des Computers durcharbeiten, was die Anschaulichkeit noch erhöht.

Als erstes schalten wir den Computer ein und laden, falls der BASIC-Interpreter nicht schon im Computer oder als Modul betriebsbereit ist, den Interpreter in den Computer. Die meisten Computer melden sich nun auf dem Fernsehbildschirm mit ihrem Namen und der Angabe der Größe des für BASIC-Programme frei verfügbaren Arbeitsspeichers.

Da sich unser Computer freundlicherweise mit einem bestimmten Umfang an Arbeitsspeichern betriebsbereit gemeldet hat, wollen wir ihm auch gleich eine Anweisung erteilen.

Jetzt aber stellt sich für uns eventuell die Frage, an welche Stelle des Bildschirms die Anweisung gelangt. Nun, das ist ganz einfach. Meistens werden Sie unter der eben erwähnten Meldung ein Quadrat oder einen Strich in Buchstabengröße erkennen können. Dieses Zeichen geht bei jedem Anschlag um eine Buchstaben-Position weiter nach rechts. Es ist der *Cursor*, ein Zeiger, der Ihnen anzeigt, auf welche Position beim nächsten Tastendruck das gewünschte Zeichen gesetzt wird.

Geben Sie also ganz unbefangen, z. B. DRUCKE, ein.

Damit der Computer weiß, daß er diese Eingabe als Anweisung aufzufassen hat, betätigen wir die ENTER-Taste. (Bei einigen Computern ist diese Taste auch als RETURN- oder NEWLINE-Taste bezeichnet.)

Der Computer reagiert sofort mit einer Fehlermeldung. Das ist ein weiterer bedeutender Komfort, den uns der BASIC-Interpreter bietet. Sobald wir etwas falsch gemacht haben, teilt uns das der Computer mit und charakterisiert sogar die Art des Fehlers. So geht z. B. in diesem Fall aus der Fehlermeldung

?SN ERROR

hervor, daß es sich hierbei um einen Syntax-Fehler handelt. Der Computer gibt uns damit zu verstehen, daß er unsere Eingabe nicht begreift. Wir haben gegen die eingebaute Grammatik verstoßen. Die Meldung bedeutet also sinngemäß: Verstoß gegen die Regeln.

Die Form der Fehlermeldung ist von Computer zu Computer verschieden und muß deshalb nicht mit den gleichen Worten wie hier erfolgen.

Sicher ist Ihnen unser erstes Unterfangen gleich nicht ganz geheuer vorgekommen, denn Sie wissen ja bereits, daß unser Computer jetzt nur BASIC versteht und BASIC aus vornehmlich englischen Worten besteht. Also übersetzen wir unsere Anweisung in die englische Sprache und geben sie erneut ein. Geben Sie also ein

PRINT

und bringen Sie die Eingabe mit der ENTER-Taste wieder zur Ausführung. Nun erscheint auf dem Bildschirm keine Fehlermeldung, sondern irgendeine Fertigmeldung, wie z. B.

OK.

Hier gibt es auch von den einzelnen Herstellern unterschiedliche Formen.

Was ist nun aber eben passiert? Wir haben dem Computer in englisch die Anweisung Drucke gegeben. Da dem PRINT nichts folgte, hat er die Anweisung gehorsam und flink ausgeführt und hat nichts (konkret eine Leerzeile) gedruckt.

Wir müßten dem Computer also noch mitteilen, was er drucken soll. Also probieren wir als nächstes, ob er die Summe von 1233 und 25 ausdruckt, und geben ein:

PRINT 1233+25

mit dem Druck auf die ENTER-Taste erscheint nun die Zahl 1258 und die Fertigmeldung auf dem Bildschirm.

Was wir bis jetzt gemacht haben, hat mit Programmierung noch nichts zu tun. Das kann auch jeder x-beliebige Taschenrechner. Diese Möglichkeit des Direkt-Modus (d. h., die eingegebenen Anweisungen werden sofort ausgeführt und nicht gespeichert) ist jedoch ein Vorteil, den nur wenige Programmiersprachen bieten. Schreiben wir nun aber vor die Anweisung eine Zahl, so wird diese mit Druck auf die ENTER-Taste als Programmzeilennummer interpretiert und zusammen mit der Anweisung abgespeichert. Kluge Leute sind im weiteren darauf gekommen, die Programmzeilen im 10er Abstand zu numerieren. Dann hat man nämlich die Möglichkeit, nachträglich noch eventuell vergessene Programmzeilen einzufügen. Geben Sie nun die letzte Anweisung als Programmzeile wie folgt ein:

- 1Ø PRINT 1233+25

Mit dem Betätigen der ENTER-Taste wird die Programmzeile 10 abgespeichert. Dabei verändert sich die Anzeige auf dem Schirm nicht.

Geben wir nun

RUN

ein und betätigen wieder die ENTER-Taste, so erscheint auf dem Bildschirm die Zahl 1258.

Was ist passiert? Mit Hilfe der Anweisung RUN haben wir unser Ein-Zeilen-Programm gestartet und abgearbeitet.

Dieses Programm ist nun immer noch im Speicher enthalten, und wir können es beliebig oft mit RUN ablaufen lassen. Jedesmal wird prompt unser Ergebnis ausgedruckt.

Dieses Programm hat uns das Programmieren etwas näher gebracht, ist auf die Dauer jedoch recht ermüdend.

Deshalb wollen wir jetzt ein Programm erstellen, daß zumindest die Funktion einer Addiermaschine erfüllt.

Geben Sie ein:

```
1Ø S=Ø
2Ø INPUT A
3Ø S=S+A
4Ø PRINT S
5Ø GOTO 2Ø
```

Wenn wir das Programm nun mit RUN starten, wird als erstes in Zeile 10 die Variable S festgelegt und Null gesetzt.

In Zeile 20 läuft der Computer auf die INPUT-Anweisung. Diese stoppt den Programmablauf, und auf dem Bildschirm erscheint ein Fragezeichen, womit uns der Computer mitteilen möchte, daß er auf eine Eingabe wartet. Nun geben wir den ersten (bzw. später die weiteren) Summanden ein. Die Eingabe wird mit einem Druck auf die ENTER-Taste abgeschlossen. Weiterhin wird durch diese Betätigung der ENTER-Taste der eingegebene Summand als Wert der Variablen A gespeichert. Zeile 30 ist rein mathematisch gesehen kompletter Schwachsinn. Aber in BASIC drückt diese Zahl nicht die Gleichheit der links und rechts vom Gleichheitszeichen stehenden numerischen Werte aus, sondern es wird der linksstehenden Variablen (in unserem Fall S) der Wert des rechts vom Gleichheitszeichen stehenden Ausdrucks (in unserem Fall die Summe aus dem bisherigen Wert der Variablen S und dem Wert der eben eingegebenen Variablen A) zu-

40

geordnet. Der bisherige Wert von S wird dabei überschrieben, und somit veranlaßt dann die Zeile 40 den Ausdruck der eben berechneten und unter der Variablen S abgespeicherten Summe auf den Bildschirm. Zeile 50 kann man direkt übersetzen mit „gehe zur Zeile 20" oder „springe zur Zeile 20". Dies macht der Computer selbstverständlich auch und beginnt wieder mit der Abarbeitung der Zeile 20. Durch die Anweisung INPUT unterbricht er nun wieder den Programmablauf und wartet auf die Eingabe des nächsten Summanden. Nun werden die Anweisungen, wie eben beschrieben, wieder und wieder abgearbeitet. In einem *Programmablaufplan* stellt sich dieses Programm wie folgt dar:

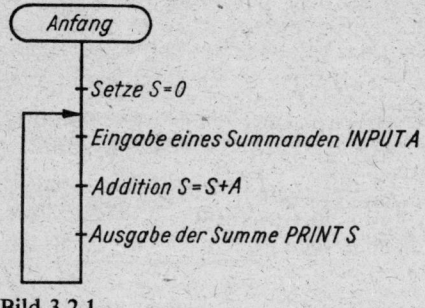

Bild 3.2.1

Der Programmablaufplan zeigt deutlich, daß das Programm kein Ende besitzt und ohne Unterbrechung immer wieder die Programmschleife durchlaufen würde.

Aus dieser Programmschleife gelangt man, indem man die BREAK-Taste betätigt.

Inzwischen ist Ihr Bildschirm mit den ausgedruckten Zwischensummen vollgeschrieben. Um das Programm wieder auf den Bildschirm zu bekommen, geben wir

LIST

ein. Mit Betätigen der ENTER-Taste wird unser Programm durch diese Anweisung vollständig von Programmzeile 10 bis 50 aufgelistet. Nun wollen wir uns den Spaß machen und das Programm so ausbauen, daß es nicht nur die Summe der eingegebenen Zahlen anzeigt, sondern auch deren Mittelwert M.

$M = S/Z$

S Summe der eingegebenen Zahlen
Z Anzahl der eingegebenen Zahlen

41

Dazu fügen wir zuerst in das Programm einen Zähler Z ein. Mit der Eingabe der Programmzeile

    12 Z=Ø

definieren wir die Variable Z (unseren Zähler) und setzen Z=0. Durch die weiterhin einzufügende Programmzeile

    23 Z=Z+1

wird der Zähler Z nach jeder Eingabe eines Summanden um 1 erhöht. Somit steht uns mit der Variablen Z jederzeit die Anzahl der bereits eingegebenen Summanden zur Verfügung.
Mit Hilfe der folgenden ebenfalls einzufügenden Programmzeile

    36 M=S/Z

berechnen wir den Mittelwert.
Wenn wir nun das Programm starten würden, erschiene auf dem Bildschirm nichts anderes als bei unserem nichterweiterten Programm. Der Computer berechnet nämlich durchaus den Mittelwert, jedoch haben wir es bisher versäumt, ihm eine Anweisung zu geben, dieses Ergebnis auszudrucken. Deshalb schreiben wir Zeile 40 wie folgt neu:

    4Ø PRINT S,M

Jetzt ist unsere Programmerweiterung fertig. Wenn Sie wieder das Kommando

    LIST

eingeben und dieses mit der ENTER-Taste ausführen, erscheint folgendes Bild:

    1Ø S=Ø
    12 Z=Ø
    2Ø INPUT A
    23 Z=Z+1
    3Ø S=S+A
    36 M=S/Z
    4Ø PRINT S,M
    5Ø GOTO 2Ø

Steht das Programm wie oben aufgelistet auf dem Bildschirm, so starten wir es mit der Anweisung RUN.
Nun werden wie gewünscht nach jeder Eingabe Summe und Mittelwert nebeneinander ausgedruckt.
Falls Sie einen Computer zur Verfügung haben, so verändern Sie das

Programm so, daß die Anzahl der Summanden und eine Bezeichnung der angezeigten Werte ausgegeben wird (z.B. SUMME=2145). Informieren Sie sich dazu in der Anleitung vom Computer-Hersteller. Wir wollen den Abschnitt mit einigen Tips, insbesondere für die ersten praktischen Schritte in die BASIC-Programmierung, abschließen.

● Informieren Sie sich über die *Korrekturmöglichkeiten* am Gerät. Auch Sie werden sich bestimmt einmal vertippen.

● Die Kenntnis der Möglichkeiten einer *Programmunterbrechung* ist wichtig. Durch Programmfehler gerät der Computer manchmal in Programmschleifen, aus denen er nicht mehr herauskommt, oder er geht „seine eigenen Wege“. Aber auch bei Programmen, wie z.B. dem eben behandelten, kann es möglich sein, daß das Programm nur durch eine Programmunterbrechung ohne Zerstörung desselben zu verlassen ist.

● Bei der Formulierung numerischer Probleme müssen wir drei Eigenheiten der Computer-Schreibweise beachten: *Computernullen* $\emptyset$ sind von dem Buchstaben O sorgfältig zu unterscheiden. Verwechslungen nimmt der Computer meist übel.

Gewohnte Schreibweise:	Computer-Schreibweise:
4030	4$\emptyset$3$\emptyset$;

Statt des Dezimal-Kommas wird ein *Dezimal-Punkt* verwendet. Führende Nullen vor dem Dezimal-Punkt können weggelassen werden.

Gewohnte Schreibweise:	Computer-Schreibweise:
35,77	35.77
0,0815	.$\emptyset$815

Sehr große und sehr kleine Zahlen werden auch beim Computer, wie vom Taschenrechner bereits bekannt, mit Hilfe eines dezimalen Exponenten dargestellt. Die *Darstellung des Exponenten* erfolgt jedoch in folgender, etwas veränderter Form:

Gewohnte Schreibweise:	Computer-Schreibweise:
0,0006	6E$-$4
$5,38 \cdot 10^{21}$	5.38E21
$3,9 \cdot 10^{-11}$	3.9E$-$11

● Als Letztes noch ein ermutigender Tip: Programmieren Sie hemmungslos! Lassen Sie Ihrer Phantasie freien Lauf, und scheuen Sie sich nicht, eigene Ideen auszuprobieren. Durch falsche Eingaben ist kein Kleincomputer zu zerstören! Schlimmstenfalls geht Ihr Programm verloren. Aber spätestens nach dem Aus- und Einschalten des

Computers ist dieser wieder voll funktionsfähig. (Ist das nicht der Fall, so nehmen Sie die Garantie-Urkunde und schicken diese samt Gerät an die dafür zuständige Stelle.)

3.3. Maschinencode und Assembler

Dieser letzte Abschnitt des Kapitels ist keine umfassende Einführung in die Programmierung mit der Maschinensprache. Das würde einerseits den Rahmen des Buches sprengen und andererseits den Computer-Neuling überfordern. Für Interessierte ist in diesem Fall die weiterführende Literatur zu empfehlen.

Durch die Monitor-Routinen ist es bei manchen Kleincomputern möglich, die Inhalte beliebiger Speicherzellen zu lesen, Speicherzellen mit neuen Daten zu überschreiben und Maschinenprogramme auf externe Speicher aufzuzeichnen oder von externen Speichern zu laden.

Hersteller komfortabler Kleincomputer bieten meist noch einen *Assembler* an. Das ist ein Programm, das es ermöglicht, Programme in Maschinensprache mittels leichtverständlicher Abkürzungen (sogenannter mnemonischer Befehle oder Mnemonics) einzugeben. Dazu ein Beispiel: Der hexadezimale Befehlscode 1A wird vom U 880 als folgender Befehl aufgefaßt und ausgeführt:

Lade den Akkumulator mit dem Inhalt des Speicherplatzes, der durch das Registerpaar DE adressiert wird.

Wenn uns ein Assembler zur Verfügung steht, so geben wir den Befehl 1A in Form des entsprechenden mnemonischen Befehls LD A, (DE) ein. Wie man am Beispiel sieht, sind diese Mnemonics entschieden einprägsamer als die hexadezimalen Befehlscodes. Deshalb ist der Assembler auch der einzig vertretbare Weg, Maschinenprogramme größeren Umfangs zu erstellen.

Ein Programm, das umgekehrt die hexadezimalen Befehlscodes in mnemonische übersetzt, nennt man *Disassembler*.

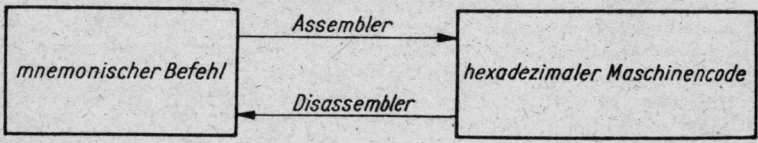

Bild 3.3.1

Mit diesen wenigen Ausführungen wollen wir die Thematik Programmieren in Maschinensprache bereits verlassen, da die Problematik die meisten Lernenden aus bereits erwähnten Gründen vorerst weniger betreffen wird.

Zusammenfassung

● Kleincomputer sind meistens in BASIC und Maschinensprache programmierbar. Der Mikroprozessor, das Gehirn des Computers, versteht nur Maschinensprache. Ein BASIC-Interpreter setzt deshalb die Anweisungen der Hochsprache BASIC in eine Folge einfacher Maschinenbefehle um. Zur Erleichterung der Programmierung mit Maschinencode bieten Hersteller komfortabler Kleincomputer Assembler an. Diese Assembler gestatten es, den hexadezimalen Maschinencode in Form leicht zu merkender Mnemonics zu programmieren.

● Aus einer Vielzahl von Hochsprachen hat BASIC bisher die größte Popularität. Sie ist lauffähig in über 70 Prozent aller Mikrocomputer. Dies liegt sowohl in den vielfältigen Anwendungsmöglichkeiten als auch in der leichten Erlernbarkeit der Sprache begründet. Bereits mit einer teilweisen Beherrschung der Sprache lassen sich vielseitige und effektive Programme erstellen. BASIC hat sich in der Praxis weltweit als die Sprache für Einsteiger und Hobbyisten bewährt.

● Die Programmierung in Maschinencode bzw. in Assembler gewährleistet schnelle und speicherplatzsparende Programme. Sie ermöglicht eine optimale Ausnutzung der Hardware-Eigenschaften des Computers. Da die Handhabung der Maschinensprache entschieden schwieriger als BASIC ist, bleibt diese Art der Programmierung meist den Spezialisten vorbehalten.

4. BASIC for you

4.1. Warum?

Die Beschreibung der Programmiersprache BASIC nimmt den weitaus größten Teil der vom Kleincomputer-Hersteller mitgelieferten Dokumentation ein. Neben Erläuterungen findet man hier viele kleine demonstrative Beispiele und Übungsaufgaben.

Diese umfangreichen Ausführungen zum Thema BASIC haben ihre volle Berechtigung, denn die BASIC-Programmierung ist auf Grund der einfachen Handhabung und der vielfältigen Anwendungsmöglichkeiten das Haupteinsatzgebiet der Kleincomputer. Der Umfang der Ausführungen ergibt sich aus der Notwendigkeit der Vermittlung von Grundlagen der Programmierung.

Aus eben diesen Gründen werden wir jetzt noch einmal ausführlicher und systematischer die Thematik BASIC angehen.

In Abschnitt 3. haben wir durch einfaches Probieren einen ersten Eindruck von der Funktionsweise der Sprache erhalten.

In diesem Kapitel bekommt der Leser die Grundlagen der BASIC-Programmierung vermittelt.

Diese Grundlagen liegen in fast allen BASIC-Dialekten in der beschriebenen Form vor. Dabei kann und soll dieses Kapitel kein umfassendes BASIC-Buch ersetzen.

Die Beispiele und Ausführungen sind methodisch so gestaltet, daß sie gegebenenfalls auch ohne Computer im „Trockenschwimm-Kurs" (eventuell mit Stift und Papier) vom Leser auch nach Feierabend erfaßt werden können.

In den folgenden beiden Abschnitten lernen wir den Aufbau und verschiedene Arten von Bausteinen der Sprache kennen.

Wir erhalten im Überblick einen allgemeinen Eindruck von dem, was die Programmiersprache ausmacht.

Die bis dahin recht allgemein gehaltenen Betrachtungen werden wir in den darauffolgenden Abschnitten des Kapitels am Beispiel des KC-85/2-BASIC mit Leben erfüllen.

Dabei teilen wir alle in der Sprache vorkommenden Elemente[1] wie Befehle, Operatoren usw. in folgende fünf Funktionsgruppen ein:

– System-Anweisungen
– Ein- und Ausgabe-Anweisungen
– Programmablauf-Anweisungen
– Arithmetik-Anweisungen
– String-Anweisungen

Diese Einteilung wurde vom Autor willkürlich vorgenommen und dient einzig und allein dem Zweck, dem Leser den Einstieg in die Programmiersprache durch eine übersichtliche Gliederung aller Anweisungen zu erleichtern.

[1] In Anlehnung an eine Vielzahl von Computerherstellern, wie z.B. auch dem VEB Mikroelektronik „Wilhelm Pieck" Mühlhausen, werden wir jeden gültigen BASIC-Ausdruck, den der Computer verarbeiten kann, als Anweisung bezeichnen. Diese Anweisungen gliedern sich wie folgt in zwei Gruppen auf:

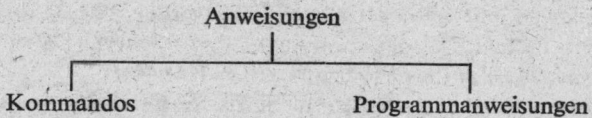

Darüber hinaus enthält die Computersprache BASIC noch Funktionen, Operatoren, Variablen, Konstanten und Sonderzeichen, die entsprechend in die Anweisungen eingebunden werden können. Die Erläuterung dieser Begriffe folgt in den nächsten Abschnitten.

Selbstverständlich werden wir uns hier nur mit den grundlegenden Anweisungen beschäftigen.

Tips zum Programmieren runden das Kapitel ab.

Die folgenden Abschnitte werden uns zum Verständnis des nächsten Kapitels von großem Nutzen sein. Dort bieten wir zum Thema Anwendungen ganz konkret ein paar umfangreichere BASIC-Programme an.

Sollten trotzdem an einigen Stellen noch Fragen und Unklarheiten bleiben, so verzagen Sie nicht. Das einhundertprozentige Verständnis und Gefühl für den Computer gewinnt man erst im Umgang mit dem Gerät.

Dennoch befähigt die Lektüre dieses Buchs den Leser mit Sicherheit nicht nur zu Stammtisch-Gesprächen über BASIC, sondern er ist nach einer kurzen Eingewöhnungsphase auf jedem BASIC-programmierbaren Kleincomputer in der Lage, selbst kleine Programme zu erstellen.

4.2.   Direkter und indirekter Betrieb

Wie Sie bereits in Abschnitt 3. gesehen haben, ist Programmieren ganz einfach:

1. Man gibt etwas in den Computer ein.
2. Man bringt diese Eingabe mit Hilfe der ENTER-Taste zur Ausführung. (Bei einigen Computerherstellern wird diese Taste auch als RETURN- oder NEWLINE-Taste bezeichnet.)

Dabei unterscheiden wir in erster Linie zwei Arten von Eingaben: Anweisungen mit vorangestellter Zahl und Anweisungen ohne vorangestellte Zahl.

Die *Anweisungen ohne vorangestellte Zahl* (z.B. LIST) werden durch die Betätigung der ENTER-Taste sofort ausgeführt (d.h., im konkreten Beispiel wird das im Computer gespeicherte Programm sofort aufgelistet).

Anweisungen mit vorangestellter Zahl werden mit Betätigung der ENTER-Taste als Programmzeilen abgespeichert. Dabei dient die vorangestellte Zahl als Programmzeilen-Nummer.

Die Programmzeilen werden nicht der Reihenfolge ihrer Eingabe nach, sondern entsprechend der Programmzeilennummern abgespeichert. In einer Programmzeile können auch mehrere Anweisungen stehen. Diese sind dann durch einen Doppelpunkt voneinander zu trennen.

Beispiel

　　　　10 A=11: PRINT A

Anweisungen, die vorwiegend im direkten Betrieb, d.h. als Anweisungen ohne Zeilennummer, verwendet werden, nennen wir *Kommandos*. Deshalb sagt man auch bei der Arbeit mit dem Computer im direkten Betrieb: Man befindet sich auf der Kommandoebene. Anweisungen, die vorwiegend in Programmzeilen verwendet werden, bezeichnet man als *Programmanweisungen* oder einfach als Anweisungen.

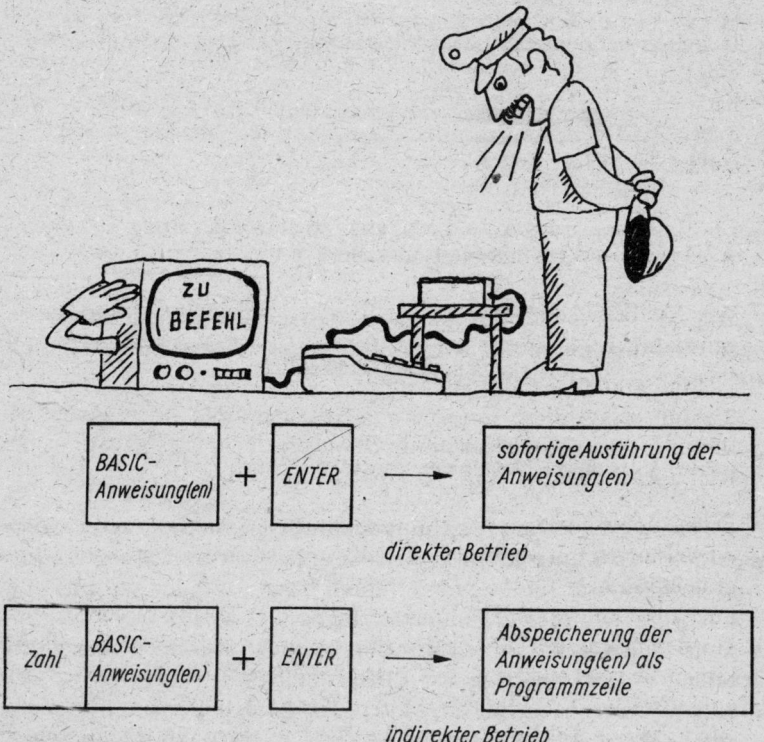

Bild 4.2.1

Zum BASIC-Sprachumfang gehören neben den Kommandos und Programmanweisungen als dritte große Gruppe die Funktionen. Auf diese werden wir später noch näher eingehen.
Ein Programm besteht aus mindestens einer oder mehreren Programmzeilen.

Beispiel

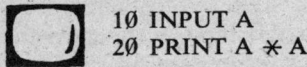

10 INPUT A
20 PRINT A ✳ A

Dieses zweizeilige Programm wartet auf die Eingabe eines Zahlen-
wertes, den es der Variablen A zuordnet, und gibt das Quadrat des
Wertes aus.
Es ist günstig, die Programmzeilen in Zehnerschritten zu numerieren.
Dann hat man die Möglichkeit, zwischen zwei Programmzeilen jeweils
neun weitere einzufügen. Dabei braucht die einzufügende Programmzeile nur wie beschrieben eingegeben zu werden. Das Einsortieren
nach der Zeilennummer besorgt der Computer selbst.

Beispiel

10 INPUT A
14 PRINT 2 ✳ A
20 PRINT A ✳ A

Ein Programm wird mit dem Kommando RUN gestartet.
Ist das Programm abgearbeitet, so meldet sich der Computer mit einer
Fertigmeldung (meist „OK").
Gelangt der Computer aus der Abarbeitung einer Programmschleife
nicht mehr heraus, so können wir das Programm durch einen Druck
auf die BREAK-Taste unterbrechen.

4.3. Konstanten, Variablen und Operationen

Nachdem wir im letzten Abschnitt den direkten und indirekten Com-
puterbetrieb zu unterscheiden gelernt und etwas von Kommandos,
Anweisungen und Funktionen erfahren haben, wenden wir uns nun
den Objekten unserer Programmierung zu.
Welche Daten können wir mit Hilfe eines BASIC-Interpreters verarbeiten, und wie können wir diese miteinander verknüpfen? Um
diese Fragen zu beantworten, klären wir die drei Begriffe der Überschrift und verraten, was sich in BASIC dahinter verbirgt.
Konstanten sind festgelegte, unveränderliche Werte. Ein BASIC-Interpreter verarbeitet Zahlen und Zeichenketten als Konstanten. Der uns
zur Verfügung stehende Zahlenbereich ist von Computer zu Computer verschieden. Der KC 85/2-BASIC-Interpreter z.B. verarbeitet Zahlen mit einem Betrag zwischen 9.40396E−39 und 1.70141E
+38 (in gewohnter mathematischer Schreibweise $9{,}40396 \cdot 10^{-39}$
bis $1{,}70141 \cdot 10^{38}$) und die Null.

Zeichenketten, eine Aneinanderreihung beliebiger Zeichen, nennen wir *Strings*. Strings können auch als Zeichenketten-Konstanten definiert werden. Diese werden in Anführungszeichen eingeschlossen (Ausnahme DATA-Anweisung, s. 4.5.) und können im allgemeinen höchstens 255 Zeichen lang sein (z.B. „MEIER").

Variablen, das sagt schon der Name, sind veränderliche Größen. Zum besseren Verständnis stellen wir uns vor, der Computer besitzt eine Menge von Fächern, die Zahlen oder Worte enthalten können. Den Fächern können wir Namen geben. Diese Namen kennzeichnen unsere Variablen. Der Inhalt eines Faches entspricht dem Wert dieser Variablen. Die Namen der Variablen stehen also stellvertretend für den momentan in dem Fach vorhandenen Wert. Veranschaulichen wir uns dies in Bild 4.3.1.

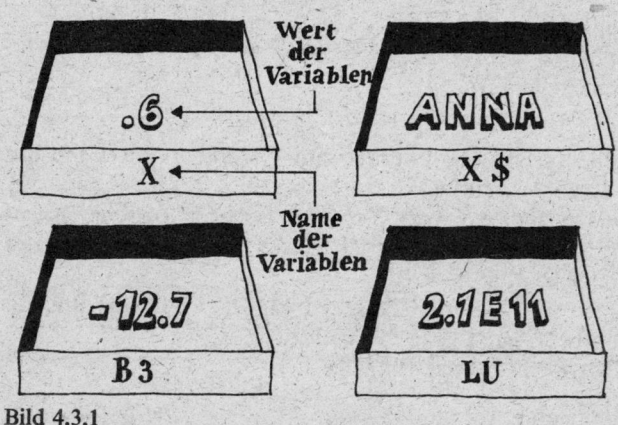

Bild 4.3.1

Zum betrachteten Zeitpunkt besitzt

- die Variable X den Wert .6
- die Variable X$ den Wert „ANNA"
- die Variable B3 den Wert −12.7
- die Variable LU den Wert 2.1E11

Wie wir sehen, können die Werte einer Variablen sowohl Zahlen als auch Strings sein. Deshalb unterscheiden wir *numerische Variablen* und *Stringvariablen*.

Der Variablenname ist bei den meisten BASIC-Interpretern unter Berücksichtigung folgender Regeln frei wählbar.

1. Ein Variablenname muß immer mit einem Buchstaben beginnen, z.B. DIETER, LUTZ, WERT, X, A, B8, TYP.

2. Am Ende des Namens einer Stringvariablen steht ein $-Zeichen, z.B. A$, TYP$.

3. Variablennamen dürfen keine Worte enthalten, die schon mit einer festen Bedeutung in BASIC benutzt werden. Der Variablenname LETTER ist z.B. nicht erlaubt, da er die BASIC-Anweisung LET enthält.

4. Obwohl ein Variablenname beliebig lang sein kann, unterscheidet der Computer nur die beiden ersten Zeichen des Namens. So kann er z.B. die Variablen ROHR und ROSE nicht unterscheiden.

Durch *Operationen* kann man Variablen und Konstanten beliebig miteinander verknüpfen. Lediglich für Stringkonstanten und Stringvariablen ergeben sich dabei einige Einschränkungen. Die bekanntesten Operationen sind die vier Grundrechenoperationen:

>Addition, $+$
>Subtraktion, $-$
>Multiplikation, $*$
>Division, $/$

Die Grundrechenoperationen werden am Computer mit Hilfe der dargestellten Symbole genutzt.

Darüber hinaus verfügt ein BASIC-Interpreter über logische Operationen und Vergleichsoperationen. Mit diesen werden wir uns später noch eingehender beschäftigen.

Alle Operationen sind hierarchisch geordnet. Das heißt, die Reihenfolge ihrer Abarbeitung ist genau festgelegt.

So erhalten Sie sowohl bei der Eingabe

>PRINT 2 $*$ 3 $+$ 4

als auch bei der Eingabe

>PRINT 4 $+$ 2 $*$ 3

das Ergebnis 10. Das liegt daran, daß der Computer auf Grund der ihm innewohnenden Hierarchie „weiß", daß Punktrechnung vor Strichrechnung geht.

Selbstverständlich können Sie aber auch mit Hilfe von Klammern bestimmten Operationen den Vorrang geben.

Beispiel

>PRINT (4+3) $*$ 3

Die Vorstellung der Grundelemente der Programmiersprache BASIC (Kommandos, Programmanweisungen, Funktionen, Operationen, Variablen und Konstanten) wollen wir nun abschließen.

52

Wir werden in den nächsten Abschnitten, wie bereits angekündigt, konkret die wichtigsten BASIC-Anweisungen kennenlernen.

4.4. System-Anweisungen

Unter System-Anweisungen wollen wir diejenigen BASIC-Anweisungen verstehen, die grundlegende Steueraufgaben des Computersystems bewirken. Zu diesen Aufgaben zählen z.B. das Ausführen eines Programms, das Speichern eines Programms auf Magnetbandkassette oder das Auflisten eines Programms auf dem Bildschirm. Da diese Anweisungen weitestgehend „Verwaltungsaufgaben für Programme" erfüllen und in den Programmen selber meistens nicht vorkommen, werden sie größtenteils zu den Kommandos gezählt.

RUN

Dieses Kommando bewirkt (wie wir bereits aus Abschnitt 3. wissen) die Ausführung eines im RAM stehenden Programms. Beginnend mit der niedrigsten Zeilennummer, werden die Programmzeilen in aufsteigender Numerierung abgearbeitet.

Beispiel

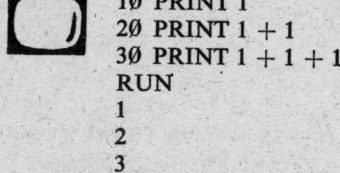

```
1Ø PRINT 1
2Ø PRINT 1 + 1
3Ø PRINT 1 + 1 + 1
RUN
1
2
3
OK
>
```

Dieses *Trivial-Programm* erklärt sich selber ausreichend. Mit der Fertigmeldung

```
OK
>
```

zeigt der KC 85/2 an, daß er das Programm abgearbeitet hat und auf weitere Eingaben wartet.
Starten wir nun das gleiche Programm nicht mit dem Kommando

53

RUN, sondern mit

RUN 2∅

so erhalten wir folgende Anzeige:

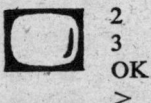
2
3
OK
>

Mit der dem Kommando RUN folgenden Zahl können wir angeben, in welcher Programmzeile das Programm gestartet werden soll. In unserem Beispiel wurde das Programm in Zeile 20 gestartet und somit die Programmzeile 10 nicht ausgeführt.

LIST, LINES

Ebenfalls aus Abschnitt 3. wissen wir bereits, daß wir ein Programm mit Hilfe des Kommandos LIST auflisten können.
Ist das eben behandelte Programm noch im Speicher, so ergibt die Ausführung des Kommandos LIST folgende Anzeige:

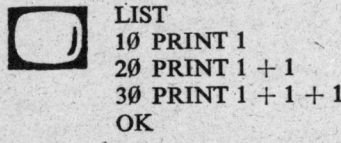
LIST
1∅ PRINT 1
2∅ PRINT 1 + 1
3∅ PRINT 1 + 1 + 1
OK
>

Das Kommando

LIST 2∅

würde dagegen die Auflistung des Programms ab Zeile 20 bewirken. Programmzeile 10 würde in diesem Fall nicht zur Anzeige gebracht.
Das Programm wird also, beginnend mit der niedrigsten oder der angegebenen Zeilennummer, aufgelistet.
Ist das gespeicherte Programm jedoch länger als 10 Zeilen, so bemerken wir sofort, daß der Computer vorerst nur 10 Programmzeilen ausgibt. Nach einem nochmaligen Betätigen der ENTER-Taste gibt der Computer abermals 10 Programmzeilen bzw. den Rest des Programms aus.
Die Anzahl der mit einem Tastendruck aufzulistenden Zeilen kann mit Hilfe des Kommandos LINES verändert werden.

LINES 28

bewirkt z. B., daß durch das Kommando LIST mit einem Tastendruck jeweils 28 Programmzeilen ausgegeben werden.

CLS

Oft ist der Bildschirm mit Programmlisten und -ausgaben beschrieben, die wir gar nicht mehr brauchen. In einem solchen Fall löschen wir den Bildschirm mit dem Kommando CLS. Dieses Kommando ist von den Worten „*CL*ear *S*creen" („lösche den Schirm") abgeleitet.
Das Kommando hat jedoch auf das eventuell im Arbeitsspeicher befindliche Programm nicht den geringsten Einfluß. Es löscht lediglich die Anzeige.
Oft wird dieses Kommando auch als erste Anweisung eines Programms genutzt, um die Ergebnisse des Programms auf einen sauberen Bildschirm, beginnend in der oberen linken Ecke, zu plazieren.

Beispiel

```
10 CLS
20 INPUT I
30 PRINT 2 * I + 4
```

CLOAD, CSAVE

Diese beiden Kommandos ermöglichen die Kommunikation des Computers mit unserem externen Speicher, dem Kassettenrecorder, in BASIC. Mit der Anweisung CLOAD können wir ein Programm von der Kassette in den Arbeitsspeicher unseres Computers laden.
Haben wir mit dem Computer ein Programm entwickelt, welches wir wieder verwenden möchten, so „retten" (Englisch: save) wir dieses auf Tonband, d. h., wir zeichnen das Programm mit Hilfe des Kommandos CSAVE auf Kassette auf. Dazu müssen wir dem Programm einen Namen geben, der zur leichten Unterscheidung mindestens vier Buchstaben lang sein sollte.
Am Beispiel eines beliebigen Programms, welches wir einfach „BEISPIEL" nennen, schauen wir uns nun einmal konkret an, was zur Aufnahme und zum Laden eines Programms zu tun ist.

Aufnehmen eines Programms

1. Wir merken uns den Programmanfang durch den Zählerstand am Recorder oder kennzeichnen den Programmanfang akustisch, indem wir den Programmnamen auf Band sprechen.

2. Wir geben ein:
CSAVE "BEISPIEL"
3. Wir schalten den Recorder zur Aufnahme ein.
4. Wir drücken die ENTER-Taste.
Nach Abschluß der Aufnahme besteht die Möglichkeit der Überprüfung der Aufzeichnung.

Laden eines Programms
1. Wir spulen die Kassette vor den Anfang des zu ladenden Programms.
2. Wir geben ein:
CLOAD "BEISPIEL"
3. Wir schalten den Recorder zur Wiedergabe ein.
4. Wir drücken, noch bevor die Programmdaten zu hören sind, die ENTER-Taste.
Nach Beendigung beider Vorgänge meldet sich der Computer selbständig fertig, und wir können den Recorder wieder ausschalten.

CLEAR, NEW

Sie kennen bestimmt die Funktion der C-Taste auf einem Taschenrechner. Ein Druck auf diese Taste, und alle Rechenregister sind gelöscht. Eine analoge Funktion erfüllt CLEAR im Computer. CLEAR löscht den gesamten Variablenspeicher des Computers.

Beispiel

```
10  A=5
20  B=3
30  PRINT A,B
40  CLEAR
50  PRINT A,B
RUN
5       3
0       0
```

Das Programm demonstriert die Wirkungsweise von CLEAR recht anschaulich. Sämtliche Variablen werden Null gesetzt.
CLEAR besitzt noch weitere Verwendungsmöglichkeiten, auf die wir an dieser Stelle jedoch nicht weiter eingehen werden.
NEW löscht nicht nur die Variablen, sondern auch alle im Arbeitsspeicher befindlichen Programme. Dieses Kommando ist deshalb nur mit größter Umsicht zu verwenden. Wenn Sie z.B. obiges Pro-

gramm um die Zeile

    6Ø NEW

erweitern, wird der Arbeitsspeicher nach dem ersten Ablauf des Programms sauber gelöscht wie nach dem Einschalten sein. (Es reicht hierzu auch schon, NEW als Kommando auszuführen.)

STOP-Taste, BRK-Taste, CONT

Die STOP-Taste und die BRK-Taste dienen zur Unterbrechung eines Programmablaufs. Nach Unterbrechung durch die STOP-Taste kann das Programm durch Betätigung einer Taste fortgesetzt werden. Wurde die Programmunterbrechung durch die BRK-Taste ausgelöst, so meldet sich der Computer mit:

    BREAK IN 4Ø

Diese Meldung sagt uns, daß die Programmunterbrechung gerade bei der Abarbeitung der Programmzeile 40 erfolgte. Die Zahl 40 ist in diesem Beispiel nur willkürlich gewählt.
Wünschen wir nun eine Programmfortsetzung, geben wir

    CONT

ein. Die Ausführung des Kommandos bewirkt eine Fortsetzung des Programmablaufs [continue (engl.) fortsetzen].

4.5.   Ein- und Ausgabe-Anweisungen

LET, INPUT

Wenn wir Daten in einem Programm verarbeiten möchten (und dies ist ja letztlich und endlich der eigentliche Grund unserer Computer-Arbeit), so müssen wir diese auch eingeben.
Zwei Eingabemöglichkeiten haben wir bereits kennengelernt. So wissen wir, daß wir einer Variablen mit Hilfe des Gleichheitszeichens einen Wert zuordnen können.

Beispiel

    A=3
    B=A+3

Im Beispiel bekommt die Variable A den Wert 3 und die Variable B den Wert 6 zugeordnet.

Dabei bekommt die links vom Gleichheitszeichen stehende, festzulegende Variable den Wert des rechts vom Gleichheitszeichen stehenden Ausdrucks zugeordnet. Die Wertzuweisung darf nie seitenvertauscht erfolgen. Die rechts vom Gleichheitszeichen stehenden Variablen müssen vorher festgelegt sein.

Für die Wertzuweisung gibt es die Anweisung LET, so daß man vollständig eigentlich schreiben müßte:

```
LET A=3
LET B=A+3
```

Bei den meisten BASIC-Interpretern, wie auch beim KC-85/2-BASIC kann man jedoch die Anweisung weglassen und die Wertzuweisung wie zuvor beschrieben durchführen.

Das gilt auch ausnahmslos für die Arbeit mit Strings. Hierbei ist jedoch zu beachten, daß die zuzuordnenden Konstanten stets in Anführungszeichen zu schreiben sind:

```
X$="SCHOKOLADE"
A$=X$
```

Mit diesen Anweisungen wird den Stringvariablen X$ und A$ die Zeichenkette SCHOKOLADE zugeordnet.

Eine weitere Eingabemöglichkeit ist die INPUT-Anweisung.

Läuft das Programm auf eine solche Anweisung, so unterbricht der Computer den Programmablauf und wartet auf eine Eingabe. Den auf eine Eingabe wartenden Zustand zeigt der Computer durch ein Fragezeichen an.

Erst nachdem wir unsere Eingabe mit einem Druck auf die ENTER-Taste beendet haben, wird die Programmabarbeitung fortgesetzt. Der eingegebene Wert wird der hinter INPUT stehenden Variablen zugeordnet.

Beispiel

```
10 INPUT A
20 PRINT A/2
```

Dieses kleine Programm gibt als Ergebnis die Hälfte des eingegebenen Wertes aus.

Weiterhin ist es auch möglich, mit Hilfe einer INPUT-Anweisung mehrere Daten einzulesen:

```
10 INPUT A,B,C
```

58

Hierbei wird der zuerst eingelesene Wert dem A, der nächste dem B usw. zugeordnet.

Gleiches gilt selbstverständlich auch für Stringvariablen. Weiterhin ist es auch möglich, die Anforderung von Daten durch die INPUT-Anweisung mit einem kleinen Zusatz zu erläutern. Wenn wir zum *Beispiel*

      10 INPUT "A=";A

eingeben, so erscheint beim Programmablauf bei der Eingabenanforderung des Computers nicht ein Fragezeichen, sondern der in Anführungsstrichen stehende eingegebene String. In unserem Beispiel würde also "A=" auf dem Bildschirm erscheinen. Damit kann man die Übersichtlichkeit eines Programms entscheidend erhöhen.

DATA, READ, RESTORE

Mit Hilfe dieser drei Anweisungen lassen sich ohne Programm-Stop größere Datenmengen schnell und unkompliziert verarbeiten. Dabei schreiben wir hinter der DATA-Anweisung die Daten, also die Werte, die wir verarbeiten wollen, durch Komma voneinander getrennt auf. Diese Werte können sowohl numerische als auch Stringkonstanten sein. Mit der Anweisung READ weisen wir den hinter READ stehenden Variablen die hinter DATA stehenden Werte zu. Veranschaulichen wir uns das an folgendem kleinen Programm mit der Ausgabe des Programmablaufs.

```
10 DATA 3,6,9
20 READ A
30 PRINT A
40 READ B,C
50 PRINT C
60 PRINT B
RUN
3
6
9
```

Wollen wir nun, nachdem alle Daten gelesen sind, die Daten im Programm erneut lesen, so müssen wir den DATA-Zeiger (dieser zeigt immer auf den als nächsten auszulesenden Wert der DATA-Liste) mit Hilfe der Anweisung RESTORE wieder auf den ersten Wert der DATA-Liste setzen.

Beispiel

```
1Ø DATA 3,6,9
2Ø READ A,B,C
3Ø PRINT A
4Ø PRINT B
5Ø PRINT C
6Ø RESTORE
7Ø READ X,Y
8Ø READ Z
9Ø PRINT X/2,Y/2,Z/2
RUN
3
6
9
1.5          3          4.5
```

PRINT

Alle Eingaben und noch so geschickten Programme wären ohne die Ausgabeanweisung PRINT für uns nutzlos, da wir die Ergebnisse nie erfahren würden. Wir wollen nun zeigen, wie man die wichtigsten der vielfältigen Möglichkeiten, die uns die Anweisung PRINT bietet, geschickt einsetzen kann. Zu unseren weiteren simulierten Computerübungen nehmen wir an, daß folgende Variablen noch in unserem Kleincomputer gespeichert sind:

$$A=3, B=6, C=9, A\$="SCHOKOLADE".$$

Es geht also darum, das aus den eingegebenen Daten und durch das Programm erarbeitete Ergebnis auszugeben.

Dieses Ergebnis kann der Wert einer numerischen Variablen, einer Stringvariablen oder eine Konstante, d.h. eine Stringkonstante (z.B. "SIE HABEN VERLOREN") bzw. eine numerische Konstante (z.B. 99), sein.

Wie die Werte einer numerischen Variablen oder numerischen Konstanten ausgegeben werden, haben wir in diesem Buch schon des öfteren gesehen:

```
PRINT A
3
PRINT 88
88
```

Mit den Stringvariablen verhält sich das analog:

```
PRINT A$
SCHOKOLADE
```

60

Bei den Stringkonstanten ist jedoch zu beachten, daß diese stets in Anführungszeichen gesetzt werden:

 PRINT"ANFUEHRUNGSZEICHEN SETZEN!"

Nach Betätigung der ENTER-Taste erscheint nun die in Anführungszeichen stehende Zeichenkette auf dem Bildschirm:

 ANFUEHRUNGSZEICHEN SETZEN!

Die Anweisung

　　　PRINT

ohne jeden weiteren Zusatz bewirkt die Ausgabe einer Leerzeile, und es wird erst in der übernächsten Zeile weitergeschrieben. Weiterhin ist es auch möglich, mit einer PRINT-Anweisung mehrere Ausgaben zu realisieren:

```
1Ø  A=3:B=6:C=9
2Ø  PRINT A,B,C
3Ø  PRINT 1Ø+A, 1Ø+B, 1Ø+C
RUN
3            6            9
13           16           19
```

Trennen wir die auszugebenden Werte durch ein Komma, so werden diese, wie wir am Beispiel sehen, in festem Abstand voneinander, also in Tabellenform ausgegeben.

Ersetzen wir die Kommas durch Semikolons, so erfolgt die Ausgabe der Zahlen mit einem Abstand von einem Leerzeichen hinter jeder Zahl. Ein Zeichenfeld vor einer Zahl bleibt jeweils für das Vorzeichen reserviert. Ist die Zahl positiv, so entfällt das Vorzeichen wie üblich, und es erscheint ein Leerzeichen vor der Zahl.

Handelt es sich jedoch bei den auszugebenden Werten um Strings, so entfallen diese Leerzeichen, und es erfolgt Ausgabe auf Ausgabe ohne Abstand.

```
1Ø  A=3:B=6:C=9
2Ø  PRINT A;B;C
3Ø  PRINT 1Ø+A;1Ø+B;1Ø+C
RUN
3 6 9
13 16 19
```

Dieser Komfort ermöglicht es, unsere Ergebnisse zu erläutern. So müssen wir uns nicht mit einer nackten Zahl wie beim Taschenrechner als Ergebnis zufrieden geben, sondern wir können übersichtlich geordnete und leichtverständliche Ergebnisse ablesen.

Beispiel

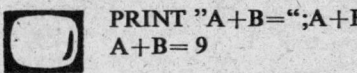

    PRINT "A+B=";A+B
    A+B= 9

Der in Anführungszeichen stehende String A+B= wird ausgegeben. Da der als nächstes auszugebende Wert des Ausdrucks A+B durch Semikolon getrennt ist, erfolgt die Ausgabe mit einem Leerzeichenabstand hinter dem String. Somit erhalten wir dann die dargestellte und leichtverständliche Ergebnisanzeige

    A+B= 9

4.6.   Programmablauf-Anweisungen

GOTO

Wie wir bereits wissen, wird ein mit RUN gestartetes BASIC-Programm Zeile für Zeile, beginnend mit der niedrigsten Zeilennummer, abgearbeitet. Hieraus könnte man schlußfolgern, daß der Programmablauf geradlinig von der niedrigsten Zeilennummer bis zur größten Zeilennummer ist. Das ist aber nicht so.
Denn es gibt eine ganze Reihe von Anweisungen, die Einfluß auf den Programmablauf nehmen. Eine solche Anweisung haben wir bereits im letzten Kapitel kennengelernt. Es war die unbedingte Sprunganweisung GOTO.
Läuft ein Programm auf diese Anweisung, so wird als nächstes nicht die folgende Programmzeile, sondern die angegebene abgearbeitet. Die Programmabarbeitung wird also bei der angegebenen Programmzeile fortgesetzt.

Beispiel

    10 PRINT "COMPUTERSPASS"
    20 GOTO 10

Die Zeile 10 bewirkt die Ausgabe des Wortes COMPUTERSPASS auf dem Bildschirm. Danach gelangt der Computer zur Abarbeitung der Programmzeile 20. Die Sprunganweisung GOTO 10 veranlaßt

62

den Computer, die Programmabarbeitung in Zeile 10 fortzusetzen. Damit wird erneut das Wort COMPUTERSPASS ausgegeben usw. Der Computer schreibt nun den ganzen Bildschirm voll COMPUTERSPASS und würde sich auch weiter nichts daraus machen, dieses sinnlose Programm bis in alle Ewigkeit weiter abarbeiten zu müssen. Da wir aber noch mehr mit unserem Computer vorhaben, unterbrechen wir das Programm mit einem Druck auf die BREAK-Taste.

IF, END

Die IF-Anweisung ist eine Programmverzweigung, unter Umständen eine bedingte Sprunganweisung. Die Wirkungsweise der Anweisung machen wir uns am schnellsten gleich an Hand eines Beispiels klar. Wir wollen nun ein Programm bauen, das das Wort COMPUTERSPASS nicht bis in alle Ewigkeit, sondern nur zehnmal ausgibt. Dazu bauen wir in unser Programm einen Zähler Z ein, der die Ausgaben zählt. Mit Hilfe der IF-Anweisung können wir die Größe des Zählers testen und in Abhängigkeit davon den weiteren Programmverlauf festlegen.

```
10 Z=0
20 PRINT "COMPUTERSPASS"
30 Z=Z+1
40 IF Z<10 GOTO 20
50 END
```

Dabei ist die Zeile 40 wie folgt zu übersetzen:

        IF Z<10   GOTO   20

Wenn Z kleiner als 10 ist, so gehe zur Zeile 20, ansonsten arbeite die nächste Zeile ab.
Unter der Bedingung, daß Z<10 ist, erfolgt in Zeile 40 ein Programmsprung, und das Programm wird wieder erneut ab Zeile 20 abgearbeitet. Daher kommt auch der Begriff *bedingte Sprunganweisung* (im Gegensatz zur unbedingten Sprunganweisung GOTO). Ist die Schleife nun zehnmal durchlaufen worden, das Wort also zehnmal ausgegeben und damit auch Z=10, so ist die Bedingung hinter IF nicht mehr erfüllt, d.h., der Ausdruck Z<10 ist nicht wahr. In diesem Fall erfolgt der Sprung zur Zeile 20 nicht, und es wird die nächste Zeile abgearbeitet. Hier, in Zeile 50, finden wir nun die neue Anweisung END. Mit Hilfe dieser Anweisung wird ein Programm abgeschlossen. Auch nachfolgende Programmzeilen werden, nachdem der Computer zu dieser Anweisung gelangt ist, nicht mehr bearbeitet.

Das Programm stellt sich in einem Ablaufplan wie folgt dar:

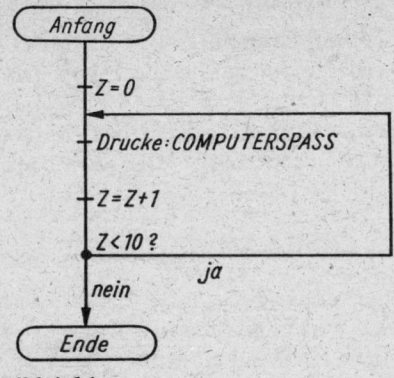

Bild 4.6.1

Verwendet man mehrere Anweisungen in einer Programmzeile, wobei die erste ein IF-Befehl ist, so muß man beachten, daß der Computer bei nichterfüllter Bedingung nicht die folgende Anweisung in dieser Zeile, sondern die folgende Programmzeile als nächstes bearbeitet.
GOTO innerhalb der IF-Anweisung kann man auch durch THEN ersetzen. Wir könnten also die Programmzeile 40 wie folgt verändern:

$$40 \text{ IF } Z < 10 \text{ THEN } 20$$

Mit Hilfe von THEN können wir jedoch nicht nur bedingte Programmsprünge vollziehen, sondern auch andere Anweisungen in Abhängigkeit von der voranstehenden Bedingung ausführen lassen.

Beispiel

 40 IF Z < 10 THEN PRINT "NOCHEINMAL":GOTO 20

Mit dieser Veränderung der Zeile 40 gibt das Programm nach der ersten Ausgabe von COMPUTERSPASS vor jeder weiteren Ausgabe dieses Wortes das Wort NOCHEINMAL aus. Ist Z=10, so wird die PRINT-Anweisung nicht ausgeführt und mit der Abarbeitung der nächsten Programmzeile (Zeile 50) fortgefahren. Damit wird die zweite Anweisung in Zeile 40, die Sprunganweisung, nicht ausgeführt und das Programm beendet.
Bei manchen BASIC-Interpretern, wie z.B. beim KC 85/2-BASIC haben wir weiterhin die Möglichkeit, eine alternative Anweisung in die IF-Anweisung einzubauen. Dies geschieht mit Hilfe der Ergän-

64

zung ELSE (übersetzt: ansonsten). Diese wird einfach an die uns schon bekannten Formen der IF-Anweisung angehängt. Somit können wir unser kleines Programm z. B. wie folgt verändern:[1]

40 IF Z<10 THEN PRINT "NOCHEINMAL": GOTO 20:
ELSE PRINT "ENDE"

Ist nun die Bedingung Z<10 nicht erfüllt, so werden die vor ELSE stehenden Anweisungen nicht ausgeführt und statt dieser die ELSE folgende alternative Anweisung PRINT "ENDE" ausgeführt.

So wird die uns schon bekannte Programm-Ausgabe mit dem Wort ENDE auf dem Bildschirm abgeschlossen.

FOR ... TO ... STEP ... NEXT

Mit Hilfe dieser Anweisungen kann man Programmschleifen bauen, die einen bestimmten Programmabschnitt wiederholt abarbeiten. „Das haben wir doch eben erst behandelt" werden Sie nun vielleicht denken. Verzagen Sie nicht! Auch wenn wir uns mit zwei Anweisungen an Hand der gleichen Problematik vertraut machen, haben diese doch weiterreichende unterschiedliche Eigenschaften, die wir hier in einer kurzen Einführung nicht vollständig demonstrieren können. Wir schauen uns die Wirkungsweise der Anweisungen am besten gleich an Hand eines Beispielprogramms an:

10 FOR I=1 TO 5
20 PRINT I;"MAL SPASS"
30 NEXT I

Wenn wir das Programm nun mit RUN starten, erhalten wir folgende Ausgabe auf dem Bildschirm:

1 MAL SPASS
2 MAL SPASS
3 MAL SPASS
4 MAL SPASS
5 MAL SPASS

---

[1]) Bei den bisher betrachteten Beispielen war eine Programmzeile stets kürzer als eine Bildschirmzeile (beim KC 85/2 z. B. ist eine Bildschirmzeile 40 Zeichen lang.)
Wie wir jedoch in der geänderten Programmzeile 40 sehen, kann eine Programmzeile auch länger als eine Bildschirmzeile sein. In diesem Fall wird die Programmzeile auf der nächsten Bildschirmzeile fortgesetzt. Dies erscheint beim ersten Anblick eventuell etwas verwirrend, aber es bringt keinerlei Veränderungen in der Arbeitsweise des Computers mit sich.

In den Zeilen 10 bis 30 haben wir eine FOR-Schleife programmiert. In Zeile 10 wurde die Laufvariable I vereinbart, die die Werte 1 bis 5 annehmen soll. Beginnend mit dem vorgegebenen Anfangswert 1 für I, wird nun die Programmschleife das erste Mal durchlaufen. Dabei bewirkt Zeile 20 die Ausgabe des Wertes von I (also 1) und die Ausgabe der Zeichenkette "MAL SPASS". Es kommt somit zur Ausgabe der ersten Zeile im Programmablauf. Die NEXT-Anweisung in Zeile 30 schließt die Programmschleife ab. Falls I kleiner als 5 ist, wird die Laufvariable I jeweils um 1 erhöht und die Programmschleife mit diesem neuen Wert wieder abgearbeitet. Für I = 5 bewirkt diese Anweisung das Verlassen der FOR-NEXT-Schleife. Die Abarbeitung des Programms wird dann in der nächsten Zeile fortgesetzt. (In unserem Beispiel wird das Programm beendet, da keine weitere Programmzeile folgt.) Geben wir die Schrittweite der Laufvariablen wie eben in unserem Beispiel nicht an, so setzt diese der Computer gleich eins. Mit Hilfe von STEP haben wir die Möglichkeit, die Schrittweite der Laufvariablen festzulegen.

Beispiel

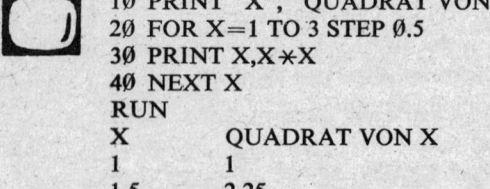

```
1Ø PRINT "X", "QUADRAT VON X"
2Ø FOR X=1 TO 3 STEP Ø.5
3Ø PRINT X,X＊X
4Ø NEXT X
RUN
X        QUADRAT VON X
1        1
1.5      2.25
2        4
2.5      6.25
3        9
```

Dieses Programm bewirkt also die tabellarische Ausgabe der Werte von 1 bis einschließlich 3 und deren Quadrate in der vorgegebenen Schrittweite von 0,5.

GOSUB, RETURN

Wird ein bestimmter Programmabschnitt im Programm mehrmals benötigt, so ist es effektiv, diesen als Unterprogramm zu schreiben. Mit der Anweisung GOSUB N wird zu dem auf der Programmzeile N beginnenden Unterprogramm gesprungen und dieses abgearbeitet. Nach der Abarbeitung des Unterprogramms, das immer mit der Anweisung

RETURN abzuschließen ist, „springt" der Computer zur Aufrufstelle des Hauptprogramms zurück und führt die Arbeit mit der folgenden Anweisung fort.

Die Funktionsweise dieser beiden Anweisungen werden wir uns an folgendem *Programm* veranschaulichen:

```
10  PRINT "DAS IST DAS HAUPTPROGRAMM HP"
20  GOSUB 100
30  PRINT "WIEDER IM HP"
40  GOSUB 200
50  PRINT "SCHON WIEDER IM HP"
60  GOSUB 100
70  PRINT "SCHLUSS"
80  END
100 PRINT "HIER IST UNTERPROGRAMM 1"
110 RETURN
200 PRINT "HIER IST UNTERPROGRAMM 2"
210 RETURN
```

Nun starten wir das Programm mit RUN und erhalten dadurch folgende *Programmausgabe*:

```
DAS IST DAS HAUPTPROGRAMM HP
HIER IST UNTERPROGRAMM 1
WIEDER IM HP
HIER IST UNTERPROGRAMM 2
SCHON WIEDER IM HP
HIER IST UNTERPROGRAMM 1
SCHLUSS
```

Das Beispiel unterstreicht die bereits erwähnte Bedeutung der Anweisung END. Fehlt diese am Schluß eines Programms, so wird der Computer nachfolgende Unterprogramme oder Programme als zum Hauptprogramm gehörend erkennen und weiter abarbeiten. Es kommt dabei jedoch zu Fehlermeldungen (Rücksprung durch RETURN nicht definiert).

ON...GOTO..., ON...GOSUB...

Mit diesen beiden Anweisungen können wir eine Mehrfachverzweigung in unserem Programm organisieren. Sind in einem Programm mehr als zwei Fälle zu unterscheiden, so werden uns die Anweisungen eine willkommene Hilfe sein.

Dem ON folgt ein Ausdruck. In Abhängigkeit vom Wert dieses Ausdrucks verzweigt das Programm zu einer der Zeilennummern, die hinter GOTO bzw. GOSUB aufgelistet sind. Besitzt der Ausdruck den Wert 1, 2, 3 usw., so wird das Programm entsprechend in der Programmzeile weiter abgearbeitet, die als erste, zweite, dritte usw. Zeilennummer dem GOTO bzw. dem GOSUB folgt.

Als Beispiel wollen wir uns hierzu ein kleines Benzinverbrauch-Bewertungs-Programm anschauen. Ausgehend vom konkreten Benzinverbrauch eines PKW je 100 km, trifft das Programm eine verbale Wertung des Verbrauchs. Diese Bewertung soll wie folgt sein:

Tabelle 3

Benzinverbrauch in l/100 km	Bewertung
<3	unmöglich
3 bis 6	sehr gut
6 bis 9	gut
9 bis 12	schlecht
$\geqq 12$	unmöglich

Nun stürzen wir uns gleich auf das Programm. Machen Sie sich bitte nichts daraus, wenn Sie nicht alles sofort verstehen. Das Programm wird anschließend ausführlich erläutert.

```
10 INPUT "BENZINVERBRAUCH IN L/100 KM=";B
20 A=INT(B/3)+1
30 ON A GOTO 40,50,60,70
40 PRINT "UNMOEGLICH": GOTO 80
50 PRINT "SEHR GUT": GOTO 80
60 PRINT "GUT": GOTO 80
70 PRINT "SCHLECHT":
80 END
```

Zeile 10 ist uns klar: Auf dem Bildschirm erscheint der in der Anweisung stehende String, und der Computer wartet auf die Eingabe des Benzinverbrauchs. In Zeile 20 taucht eine uns eventuell noch unbekannte mathematische Funktion auf. INT ist ein Kürzel von dem englischen Wort „integer", welches übersetzt „ganze Zahl" heißt.

Diese Funktion liefert ganz einfach von dem ihr folgenden, in Klammern stehenden Zahlenwert den ganzen Teil. Um es ganz simpel auszudrücken, sie rundet den ihr folgenden Zahlenwert auf eine ganze Zahl ab.

Angenommen, wir geben nun einen Benzinverbrauch von 4 l/100 km

ein, der unter der Variablen B abgelegt wird. So ergibt sich A in
Zeile 20 zu:

$A = INT\ (4/3)\ + 1$ Als erstes wird der Klammerausdruck
berechnet:

$A = INT\ (1.33) + 1$ Nun liefert die Funktion INT den
ganzen Teil von 1.33:

$A =\quad\quad 1\quad + 1$ Zum Schluß ergibt die Addition:

$A = 2$

Als nächstes gelangt der Computer zur Abarbeitung der Programmzeile 30. Hier verzweigt sich der Programmablauf. In Abhängigkeit
von A wird das Programm nun in Zeile 40, 50, 60 oder 70 fortgesetzt.
Da A in unserem Beispiel den Wert 2 besitzt, verzweigt sich das Programm zu der Programmzeile, deren Zeilennummer als zweite (also
50) hinter GOTO aufgelistet ist. Hier in Zeile 50 erfolgt der Ausdruck der Bewertung "SEHR GUT". Durch die Sprunganweisung
GOTO 80 als zweite, durch Doppelpunkt abgetrennte, völlig selb-
ständige Anweisung dieser Programmzeile wird die Programmabarbeitung in Zeile 80 fortgesetzt. Hier schließt die Anweisung END
das Programm ab. Das Einfügen von

       15 PRINT "BEWERTUNG"

erhöht die Übersichtlichkeit und die Aussagefähigkeit des Programm-
ausdrucks.

Die Wirkungsweise der Anweisung ON...GOSUB... unterscheidet
sich zu dem eben Beschriebenen lediglich darin, daß Unterprogramme
angesprungen werden und nach Abarbeitung dieser durch RETURN
der Rücksprung zur Aufrufstelle wie bei GOSUB erfolgt.

4.7.   Arithmetik-Anweisungen

Die mathematischen Fähigkeiten einer Rechenmaschine werden
durch die möglichen Operationen, Funktionen und nicht zuletzt durch
den zulässigen Zahlenbereich bestimmt. Im Vergleich zu wissenschaftlichen Taschenrechnern erweist sich ein BASIC-programmier-
barer Kleincomputer meist nicht gerade als Rechenkünstler. Das be-
trifft insbesondere die Rechengenauigkeit. Der als Beispiel angeführte
zulässige Zahlenbereich des KC-85/2-BASIC (sechsstellige ganze Zahlen und Exponentialdarstellung von Zahlen mit einem Betrag zwischen $9.40396E-39$ und $1.70141E+38$) ist das international übliche
in dieser Geräteklasse.
Wem jedoch eine sechsstellige Rechengenauigkeit ausreicht, dem bietet der Kleincomputer fast unbegrenzte Möglichkeiten.
So stehen uns eine Vielzahl von Operationen zur Verfügung.

Diese sind, wie bereits am Beispiel der Punkt- und Strichrechnung erläutert, hierarchisch geordnet. Diese Hierarchie, das heißt die festgelegte Reihenfolge der Abarbeitung, sieht wie folgt aus:

1. Klammern
2. Exponenten ($\wedge$)
3. Negative Vorzeichen
4. Multiplikation/Division ($*$, /)
5. Addition/Subtraktion ($+$, $-$)
6. Vergleichsoperatoren: $=$, $<$, $>$, $<=$, $>=$, $<>$
7. NOT
8. AND
9. OR

Die Operationen werden Ihnen bestimmt zum größten Teil geläufig sein. Trotzdem werden wir noch einmal auf die im täglichen Leben weniger gebräuchlichen Vergleichsoperatoren und die BOOLESchen oder logischen Operationen

NOT, AND und OR

eingehen. Die Vergleichsoperatoren haben folgende Bedeutung:

$=$	gleich
$<$	kleiner als
$>$	größer als
$<=$	kleiner oder gleich
$>=$	größer oder gleich
$<>$	ungleich

Die ungewohnte Schreibweise der letzten drei Relationen ergibt sich aus der Tatsache, daß diese als Kombination der ersten drei Relationen mittels der Tastatur eingegeben werden müssen.

Mit Hilfe der logischen Operationen werden eine oder mehrere Bedingungen (Aussagen) zu einer neuen Bedingung (Aussage) verknüpft. Die neue Bedingung (Aussage) ist in folgenden Fällen erfüllt (wahr):

Tabelle 4

Neue Bedingung	Über- setzung	Die neue Bedingung ist unter folgenden Bedingungen erfüllt
NOT A	nicht A	Die Bedingung A trifft nicht zu.
A AND B	A und B	Beide Bedingungen A und B treffen gleichzeitig zu.
A OR B	A oder B	Mindestens eine der beiden Bedingungen A und B trifft zu.

Als einfaches und überschaubares Anwendungsbeispiel wollen wir das bereits besprochene Benzinverbrauch-Bewertungs-Programm so umschreiben, daß unsere neuen Operatoren zur Anwendung kommen. Mehrere mögliche Lösungswege zu einem Problem sind nicht die Ausnahme, sondern die Regel. Den kürzesten und elegantesten Weg zu finden, ist die interessante Aufgabe des Programmierers. Zur Erinnerung hier noch einmal die Bewertungskriterien:

Tabelle 5

Benzinverbrauch in l/100 km	Bewertung
<3	unmöglich
3 bis 6	sehr gut
6 bis 9	gut
9 bis 12	schlecht
$\geqq 12$	unmöglich

```
10 INPUT "BENZINVERBRAUCH IN L/100 KM=";B
20 PRINT "BEWERTUNG:";
30 IF B>=3 AND B<6 GOTO 100
40 IF B>=6 AND B<9 GOTO 200
50 IF B>=9 AND B<12 GOTO 300
60 PRINT "UNMOEGLICH" : GOTO 400
100 PRINT "SEHR GUT" : GOTO 400
200 PRINT "GUT" : GOTO 400
300 PRINT "SCHLECHT" :
400 END
```

Geben wir nun z.B. einen Verbrauch von 7l/100 km ein, so wird der Computer in Zeile 30 feststellen, daß die Bedingung zur Sprunganweisung nicht erfüllt ist. Denn B ist zwar größer als drei (damit ist die erste Bedingung B>=3 erfüllt), aber nicht kleiner als 6 (damit ist die zweite Bedingung B<6 nicht erfüllt). Die Und-Verknüpfung beider Bedingungen (B>=3 AND B<6) ist jedoch nur dann wahr, wenn beide Bedingungen gleichzeitig zutreffen.

Dies ist der Fall in der nächsten Programmzeile. Da die Bedingung für die Sprunganweisung erfüllt ist, wird der Computer nun nicht die nächste Programmzeile abarbeiten, sondern die Abarbeitung des Programms entsprechend der Sprunganweisung in Zeile 200 fortsetzen. Hier wird die Bewertung ausgegeben und das Programm beendet.

Spielen Sie das Programm noch einmal mit den Werten 4, 5 und 13 für B durch.

Das Beispiel zeigt uns, daß der Umgang mit den logischen Operationen und den Vergleichsoperatoren gar nicht so kompliziert ist. Die folgende Tabelle soll uns die Arbeit mit den logischen Operationen erleichtern. Ausgehend von den Wahrheitswerten der Ausdrücke A und B, ergeben sich die Wahrheitswerte der logischen Verknüpfungen dieser Ausdrücke wie folgt (wahr=1; falsch=0):

Tabelle 6

A	B	NOT A	A OR B	A AND B
0	0	1	0	0
0	1	1	1	0
1	0	0	1	0
1	1	0	1	1

Nun werden Sie sagen: „Mit den Operationen, das ist ja ganz nett, aber welche Funktionen bietet uns unser Kleincomputer eigentlich an?"
Hier finden wir beim KC 85/2 den üblichen Funktionsvorrat:

Tabelle 7

Mathematische Funktion in Computer-Notation	Entsprechende mathematische Funktion	Bemerkung
ABS (X)	$\|x\|$	Betrag von X
ATN (X)	arctan x	Resultat im Bogenmaß
COS (X)	cos x	X im Bogenmaß
EXP (X)	e^x	X $<= 87.3365$
INT (X)	ganzer Teil von x	
LN (X)	ln x	X > 0
PI	π	PI $= 3.14159$
SGN (X)	Signumfunktion	$SGN(X) = \begin{cases} -1 \text{ für } X < 0 \\ 0 \text{ für } X = 0 \\ 1 \text{ für } X > 0 \end{cases}$
SIN (X)	sin x	X im Bogenmaß
SQR (X)	$\sqrt{x}$	X $>= 0$
TAN (X)	tan x	X im Bogenmaß

72

„Wenn das schon alles ist, na danke. Da bietet mein wissenschaftlicher Taschenrechner aber mehr." werden Sie jetzt vielleicht denken. Dabei haben Sie jedoch vorschnell die Tatsache übersehen, daß wir durch die Programmierbarkeit unseres Computers aus den 11 Standardfunktionen so ungefähr alles, was die Mathematik an Funktionen für uns bereithält, „zusammenbauen'. können. So ist z. B. ein Programm, das den Cosecans Hyperbolicus eines einzugebenden Wertes x ermittelt, wie folgt leicht erstellt:

```
10 INPUT X
20 PRINT 2/(EXP(X)−EXP(−X))
```

Benötigen wir die Funktion innerhalb eines Programms öfter, so können wir dieser mittels der Anweisung DEF FN einen Namen geben und diese Funktion unter dem vereinbarten Namen aufrufen.

Beispiel

```
10 DEF FNCSH(X)=2/(EXP(X)−EXP(−X))
20 INPUT X
30 PRINT FNCSH(X)
40 PRINT FNCSH(X/2)
```

In Zeile 10 wird die Funktion FNCSH(X) definiert. Der Name der festzulegenden Funktion besteht aus FN und einer zulässigen Variablenbezeichnung. Wir hätten unsere Funktion also genausogut auch z. B. FNY nennen können. Nachdem das Argument in Zeile 20 eingegeben wurde, liefert die Zeile 30 den zugehörigen Funktionswert und die Zeile 40 den Funktionswert von X/2.

Diese Möglichkeiten sind nicht nur auf dem Gebiet der Mathematik nützlich. Sie erleichtern insbesondere auch die Arbeit mit längeren Formeln in den technischen Anwendungsbereichen.

Die Computernotation der Funktionen ergibt sich als Kompromiß aus der mathematischen Schreibweise und den Eingabemöglichkeiten am Computer. SQR leitet sich als Kürzel aus dem englischen Wort „squareroot", auf deutsch „Quadratwurzel", ab.

Die in der Tabellenspalte „Bemerkung" notierten Beschränkungen der Funktionen ergeben sich einmal aus der Definition der Funktion selbst, zum anderen aus rechentechnischen Gegebenheiten des Computers.

Vergessen Sie niemals das Argument der Funktion in Klammern zu setzen! Mit der Eingabe

     PRINT SQR 81

werden Sie dem Computer höchstens eine Fehlermeldung entlocken. Erst mit der vollständigen Eingabe

> PRINT SQR (81)

wird Ihnen der Computer die Quadratwurzel aus 81 ziehen und 9 auf dem Bildschirm ausgeben.

Ausführlichere Informationen zu den einzelnen Funktionen finden Sie in jedem einschlägigen Mathematikbuch.

Um die Ausführungen über die Rechenfähigkeiten unseres Kleincomputers nicht als trockene und schwerverdauliche Informationsbrocken im Raum stehen zu lassen, werden wir nun diese Möglichkeiten an kleinen Beispielen in Aktion vorstellen.

Als erstes wollen wir ein kleines Programm zum Thema Kreisberechnung erstellen. Ausgehend vom einzugebenden Radius, soll das Programm den Umfang und Flächeninhalt des Kreises ermitteln. Als erstes müßte man also den Radius eingeben können. Unsere erste Programmzeile könnte z.B.

> 3Ø INPUT "RADIUS";R

heißen. Die Programmzeilennummer 30 haben wir gewählt, um uns die ersten beiden Zehnerzeilen zur übersichtlichen Bildgestaltung vorzubehalten.

Entsprechend den Formeln $u = 2\pi r$ und $A = \pi r^2$ könnte der mathematische Teil unseres Programms wie folgt aussehen:

> 4Ø U = 2 * PI * R
> 5Ø A = PI * R * R

Im Gegensatz zum KC-85/2-BASIC gibt es auch BASIC-Varianten, in denen PI nicht fest vorgegeben ist. Hier müßte die Konstante erst einmal wie folgt z.B. festgelegt werden:

> 25 PI = 3.14159

Nun weiß der Rechner genau Bescheid. Wir jedoch nicht. Denn wenn wir das Programm nun mit RUN starten und einen Zahlenwert für R, den Radius, eingeben, so sehen wir auf dem Bildschirm lediglich das Wort RADIUS und unseren eingegebenen Wert. Es wird also höchste Zeit, daß wir uns Gedanken über die Ergebnisausgabe machen. Drei Werte lassen sich durch die PRINT-Anweisung mit Hilfe des Kommas unkompliziert in Tabellenform darstellen. Damit wir wissen, um welche Werte es sich handelt, bekommt die Tabelle noch einen Tabellenkopf:

> 2Ø PRINT "RADIUS", "UMFANG", "FLAECHE"
> 21 PRINT "IN M" ,"IN M", "IN QM"
> 6Ø PRINT R,U,A

Nun läuft unser Programm schon einwandfrei. Um die Ausgabe noch etwas übersichtlicher zu gestalten, löschen wir den Bildschirm zum Programmbeginn von Listings und ähnlichem und überschreiben das Bild mit KREISBERECHNUNG. Wir geben ein:

    10 CLS:PRINT"KREISBERECHNUNG"

Mit dem Kommando LIST müßte uns der Computer nun folgendes gespeicherte Programm auflisten:

    10 CLS:PRINT"KREISBERECHNUNG"
    20 PRINT"RADIUS", "UMFANG", "FLAECHE"
    21 PRINT "IN M", IN M", "IN QM"
    30 INPUT "RADIUS";R
    40 U = 2 * PI * R
    50 A = PI * R * R
    60 PRINT R,U,A

Ist die Zeile 25 eingegeben worden, so erscheint diese selbstverständlich zwischen den Programmzeilen 21 und 30.
Wollen wir das Programm wiederholt abarbeiten, ohne es immer wieder erneut starten zu müssen, so fügen wir die Zeile

    70 GOTO 30

an. Dabei wird unter den bereits auf dem Bildschirm befindlichen Ergebnissen weitergeschrieben. Möchten wir jedoch für jede Ausgabe ein extra Bild, so ändern wir einfach Zeile 70 in:

    70 GOTO 10

Das nächste Programm-Beispiel führt uns in die Mechanik. Wir berechnen, ausgehend von der Fallhöhe H, die Fallzeit T und die Endgeschwindigkeit VE eines fallenden Körpers. Um den Umfang des Programms gering zu halten, betrachten wir den Vorgang als freien Fall ohne Nebenbedingungen.
Die Fallbeschleunigung G beträgt 9.81 m/s². Die Endgeschwindigkeit des frei fallenden Körpers ist VE = G * T. Die Fallhöhe H ergibt sich aus H = (G × T²)/2. Durch Umstellen der Gleichung erhält man die Fallzeit T = $\sqrt{2H/G}$. Im Gegensatz zum letzten Programm werden wir dieses nicht Schritt für Schritt gemeinsam erarbeiten. Nachfolgend finden Sie das fertige Programm, und es wird Ihnen bestimmt nicht schwerfallen, das Programm zu verstehen.

    10 CLS
    20 PRINT"DER FREIE FALL"
    30 PRINT
    40 INPUT"FALLHOEHE IN METER:";H

```
50  G=9.81
60  T=SQR(2*H/G)
70  VE=G*T
80  PRINT"DIE FALLZEIT BETRAEGT";T;"SEKUNDEN."
90  PRINT"DER KOERPER ERREICHT EINE END-"
100 PRINT"GESCHWINDIGKEIT VON";VE; "METER/
SEKUNDE."
110 PRINT"DAS IST EINE GESCHWINDIGKEIT VON"
120 PRINT VE*3.6; "KILOMETER/STUNDE."
```

Versuchen Sie nun bitte einmal aus Spaß und zur Übung ein BASIC-Programm zu erstellen, das aus dem einzugebenden Radius R das Volumen V einer Kugel ermittelt und ausgibt.

Damit Sie nicht in Formelwerken blättern müssen, hier folgende Eselsbrücke: „Gemütlich rollt an uns vorbei vier Drittel π mal r hoch drei." Mit den Anweisungen PRINT, INPUT und LET können Sie bereits das Programm funktionsfähig erstellen. Wie bereits bemerkt, kann man bei den meisten BASIC-Interpretern das LET weglassen. Wir können also, wie wir es schon gewöhnt sind, z. B. statt

LET B=A+3

auch

B=A+3

schreiben. Falls Ihnen kein Computer zum Test Ihres Programms zur Verfügung steht, finden Sie eine Lösung zum Vergleich am Ende dieses Abschnitts.

Eine wichtige Funktion ist RND(X). Man mag sich streiten, ob diese Funktion zu den mathematischen Funktionen zu rechnen ist oder nicht. Auf alle Fälle bildet sie die Grundlage aller Computer-Glücksspiele. Sie ermöglicht es unserem Kleincomputer, mit dem Zufall zu arbeiten. RND ist ein Kürzel von random. Random heißt auf deutsch Zufall. Wird das Argument X größer als Null gewählt, so liefert die Funktion völlig zufällige Zahlenwerte zwischen Null und eins. Folgendes kleines Programm

```
10 FOR I=1 TO 5
20 PRINT RND(2)
30 NEXT I
```

könnte z. B. folgende Werte ausdrucken

```
.748562
.030715
.468275
.845312
.428619
```

Dabei spielt es keine Rolle, ob das Argument 2 oder 5000 ist. Hauptsache, es ist größer als Null.

Als erste Anwendung wollen wir uns mit Hilfe der Funktion ein Programm bauen, das einen Würfel simuliert.

Es soll jeweils 5 Würfelergebnisse ausgeben.

Dazu nutzen wir gleich unser letztes Programm. Wir brauchen nur die Zeile 20 so zu verändern, daß der Computer nicht Zahlen zwischen Null und eins ausgibt, sondern von eins bis sechs. Wir geben also ein:

```
2Ø PRINT 6 * RND(1)
```

Wenn Sie das Programm mit RUN starten, werden Sie enttäuscht sein. Der Computer liefert zwar fünf Zahlen in der gewünschten Größenordnung, aber diese sind mit Kommastellen behaftet. Das entspricht nun unseren Vorstellungen vom Würfel ganz und gar nicht. Wir werden uns deshalb vom zufällig gewählten Wert nur noch den ganzen Teil ausgeben lassen.

```
2Ø PRINT INT(6 * RND(1))
```

Nun liefert uns das Programm ganze Zahlen. Nach einigen Versuchen werden Sie jedoch bemerken, daß nur die Zahlen 0, 1, 2, 3, 4 und 5 gewürfelt werden. Die Erklärung ist einfach. RND erzeugt Zufallszahlen exakt nur im Bereich $0 \leq x < 1$. Dadurch ist der Klammerausdruck stets kleiner als sechs und davon der ganze Teil maximal fünf. Dieser Schönheitsfehler ist aber wie folgt schnell behoben:

```
2Ø PRINT INT(6 * RND(1))+1
```

Wir beschließen diesen Abschnitt mit einer Lösung der vorhin gestellten Aufgabe. Es ging darum, ein Programm zu erstellen, das aus dem vorgegebenen Radius das Volumen einer Kugel ermittelt.

```
1Ø CLS
2Ø PRINT "VOLUMENBERECHNUNG EINER KUGEL"
3Ø INPUT "RADIUS IN MM=";R
4Ø V = 4/3*PI*R*R*R
5Ø PRINT "DAS VOLUMEN DER KUGEL BETRAEGT";V
6Ø PRINT "KUBIKMILLIMETER."
```

Dieses Programm ist nicht die einzige Lösung des Problems. Es ist z. B. möglich, den Radius getrennt in Maßzahl und Einheit einzugeben. Dadurch ist es auch möglich, das Ergebnis in der entsprechenden Einheit auszugeben. Folgendes Programm ist jedoch die Minimallösung. Weniger funktioniert nicht mehr.

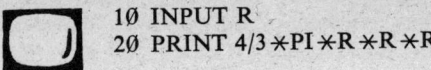

```
1Ø INPUT R
2Ø PRINT 4/3 *PI *R *R *R
```

Wir sind bereits am Ende unserer Ausführungen über die mathematischen Möglichkeiten eines Kleincomputers angelangt. Sie werden bemerkt haben, die Anwendungsmöglichkeiten sind nicht nur vom Gerät, sondern auch von der Kreativität des Nutzers vorgegeben.

4.8.   String-Anweisungen

In diesem Abschnitt lernen wir die Fähigkeiten des Computers zur Textverarbeitung kennen.

Die Verarbeitungsmöglichkeiten von Strings, also Zeichenketten, unterscheiden sich nicht grundlegend von den Möglichkeiten, die der Computer bei der Verarbeitung von Zahlen bietet. Denn sowohl Zahlen als auch Buchstaben und Zeichen sind in erster Linie für den Computer einfach Daten, die er zu verarbeiten hat. Dabei müssen wir stets darauf achten, daß wir die Zeichenketten in Anführungszeichen setzen, damit sie als solche erkannt werden und nicht als Variablen interpretiert werden. Die Namen der Stringvariablen sind stets mit einem $-Zeichen abzuschließen.

Wie bekommen wir nun die Strings in das Programm? Auch hier bedienen wir uns wie bei Zahlen der Anweisungen PRINT, LET, INPUT, DATA, READ und RESTORE:

```
1Ø PRINT"DIESER STRING WIRD EINFACH
   GEDRUCKT!"
2Ø A$="UHU & CO"
3Ø PRINT"DER STRINGVARIABLEN A$ WURDE
   DER WERT"
4Ø PRINT A$; "ZUGEWIESEN."
5Ø INPUT B3$
6Ø PRINT"DER STRING ";B3$
7Ø PRINT"WURDE SOEBEN EINGEGEBEN."
```

Wenn wir das Programm nun mit RUN starten und auf die Anforderung in Zeile 50, z.B. VERKEHR, eingeben, so erhalten wir auf dem Bildschirm folgenden Programmausdruck:

```
DIESER STRING WIRD EINFACH GEDRUCKT!
DER STRINGVARIABLEN A$ WURDE DER WERT
UHU & CO ZUGEWIESEN.
?VERKEHR
DER STRING VERKEHR
WURDE SOEBEN EINGEGEBEN.
```

78

Sind größere Mengen von Strings einzulesen, so kann man wie bei den Zahlen vorteilhaft die Anweisungen DATA, READ und RESTORE einsetzen:

```
10 FOR I=1 TO 3
20 READ X$
30 PRINT X$;
40 NEXT I
50 DATA FUSS, BALL, TOR
```

Da die Wirkungsweise der Anweisungen auf die Strings identisch mit der bei Zahlenverarbeitung ist, gibt dieses Programm lediglich die Zeile

FUSSBALLTOR

aus.

Wie können wir die Strings verarbeiten? Hier ist als erstes die Möglichkeit des Vergleichs zu nennen. Ein String ist „kleiner" als ein anderer, wenn er im Alphabet vorher steht. So gilt z.B.

"RUNKEL"	>	"HAUS"
"AFFE"	<	"ELEFANT"
"SCHMIDT"	<	"SCHMITT"
"NEIN"	=	"NEIN"
"APFEL"	<	"APFELKUCHEN"

Dadurch wird es möglich, den Dialog zwischen Anwender und Computer umgangssprachlich zu gestalten. So können wir z.B. am Ende eines Spielprogramms den Computer den Spieler fragen lassen, ob er noch ein weiteres Spiel wünscht. In Abhängigkeit von der Antwort des Spielers wird das Programm beendet oder durch eine Sprunganweisung an den Programmanfang erneut abgearbeitet.

Diese Abfrage könnte konkret wie folgt aussehen:

```
200 PRINT "EIN NEUES SPIEL? (J/N)"
210 INPUT X$
220 IF X$="N" THEN END
230 IF X$<>"J" THEN 200
240 GOTO 10
```

Selbstverständlich basiert auch jedes Sortierprogramm, in dem Worte alphabetisch geordnet werden, auf dieser Vergleichsfähigkeit. In folgendem kleinem Programm wird der Elementarvorgang des alphabetischen Ordnens demonstriert:

```
10 INPUT A$
20 INPUT B$
30 IF A$<=B$ GOTO 70
40 C$=A$
50 A$=B$
60 B$=C$
70 PRINT A$
80 PRINT B$
```

Dieses Programm gibt die eingegebenen Worte stets in alphabetischer Reihenfolge wieder aus. Stehen die Strings schon in der richtigen Reihenfolge, d.h., A$<=B$, so werden sie in der eingegebenen Reihenfolge auch ausgegeben. Ist dies nicht der Fall, so werden die Werte der Stringvariablen in den Zeilen 40 bis 60 miteinander vertauscht und demzufolge in umgekehrter Reihenfolge bezüglich der Eingabe ausgegeben.

Wir sollten uns dabei im klaren sein, daß das „Kernstück" vieler umfangreich und kompliziert scheinenden Sortierprogramme bereits in unserem „Kleinst-Sortierprogramm" in den Zeilen 30 bis 60 enthalten ist.

Weiterhin lassen sich Strings durch das Operationszeichen „+" miteinander verknüpfen. Folgendes kleines Programm soll uns diese Möglichkeit verdeutlichen:

```
10 INPUT A$
20 PRINT A$+"VERKEHR"
```

Geben wir nun in Zeile 10 z.B. das Wort STADT ein, so liefert das Programm die Ausgabe des Wortes STADTVERKEHR.

Weiterhin stehen uns zur Arbeit mit den Strings einige sehr nützliche Funktionen zur Verfügung. Mit der Funktion LEN können wir die Länge eines Strings ermitteln. So würde z.B.

PRINT LEN ("FRUCHTEIS")

das Resultat 9 liefern. Die Funktion VAL gibt den numerischen Wert eines Strings an. STR$ ist die Umkehrfunktion zu VAL. Sie wandelt eine Zahl zu einem String um. So liefert z. B.

PRINT STR$ (12) + STR$ (24)

nicht etwa 36, sondern den String 12 24.
Die Stringfunktionen LEFT$, RIGHT$ und MID$ bewirken die teilweise Ausgabe eines Strings. Dabei besteht der ausgegebene Teilstring im Fall:

LEFT$(String,X)	aus X Zeichen von links;
RIGHT$(String,X)	aus X Zeichen von rechts;
MID$(String,X)	aus den Zeichen ab der X-ten Stelle;
MID$(String,X,Y)	aus Y Zeichen ab der X-ten Stelle.

Folgendes Programm mit Ausgabe veranschaulicht die Wirkungsweise der Funktionen:

```
10 A$="PAPAGEI"
20 PRINT LEFT$ (A$,4)
30 PRINT RIGHT$ (A$,2)
40 PRINT MID$ (A$,7)
50 PRINT MID$ (A$,3,4)
RUN
PAPA
EI
I
PAGE
```

Damit möchten wir die Ausführungen zu dieser letzten Funktionsgruppe, den String-Anweisungen, beschließen. Ist Ihnen bei dem einen oder anderen Befehl der Sinn oder die Zweckmäßigkeit nicht richtig klar geworden, so schauen Sie sich bitte die ausführlicheren BASIC-Programmbeispiele im folgenden Kapitel intensiv an. Die Anschaulichkeit eines geeigneten Beispiels ist meist durch nichts zu übertreffen.

4.9. Liste der KC 85/3-BASIC-Anweisungen

Nachdem wir nun in einem Schnellkurs über 50 Prozent der BASIC-Anweisungen kennengelernt haben, wollen wir uns die vollständige Liste der BASIC-Anweisungen nicht vorenthalten. Hierbei werden die Anweisungen jedoch nur mit einem inhaltlichen und einem syntaktischen Hinweis aufgeführt und nicht weiter erläutert. Die Aussagen gelten weitestgehend auch für das BASIC des KC 85/1, da dieses sich nur durch wenige Anweisungen (z. B. Grafikanweisungen) vom KC 85/2- bzw. KC 85/3-BASIC unterscheidet.

Vorab werden wir noch einige grundlegende Informationen zu diesem BASIC erhalten. Der KC 85/2-BASIC-Interpreter besitzt einschließlich des von ihm reservierten RAM-Bereichs einen Umfang von etwa 11 KByte. Haben wir diesen in den Arbeitsspeicher des Computers geladen, so verbleibt uns ein Speicherplatz von etwa 5 KByte für BASIC-Programme sowie 1,5 KByte für Maschinenprogramme. Das reicht in den meisten Fällen für den „Hausgebrauch" aus. Wem dieser Speicherplatz dennoch zu klein ist, kann das Computersystem mit Speichererweiterungs-Modulen ausbauen. Dazu jedoch mehr in Abschnitt 7.

Der BASIC-Interpreter des KC 85/2 ist dem MSX-BASIC verwandt. Das bedeutet, daß Programme des einen Computers auch ohne große Veränderungen auf dem anderen laufen. MSX (Microsoft-Super-Extended) ist ein internationaler Standard, auf den sich 1983 15 Computer-Hersteller geeinigt hatten. Das MSX-BASIC baut auf eine weitverbreitete BASIC-Version der Firma Microsoft (USA) auf.

Damit die umfangreichen Grafikfähigkeiten nicht umfangreiche und umständliche Programmierung nach sich ziehen, verfügt der BASIC-Interpreter über Farb- und Grafikanweisungen. Um den Beweis der unkomplizierten Nutzung der grafischen Möglichkeiten nicht schuldig zu bleiben, unternehmen wir noch schnell einen Exkurs in die KC 85/2-Grafik-Programmierung. Der KC 85/2 verfügt über eine hochauflösende Grafik mit 320×256 frei programmierbaren Bildpunkten.

In Anhang 2 finden Sie eine Darstellung des Aufbaus des KC 85/2-Bildschirms aus Zeichenfeldern und Grafikpunkten.

Jeder einzelne dieser 81920 Punkte ist ansprechbar durch seine Koordinaten. Die X-Koordinate gibt den Abstand vom linken Bildschirmrand (von links nach rechts von 0 bis 319) und die Y-Koordinate den Abstand vom unteren Bildschirmrand (von unten nach oben von 0 bis 255) des betrachteten Punktes an. Wollen wir nun einen bestimmten Punkt P (X-Koordinate, Y-Koordinate) auf den Bildschirm setzen, so geben wir ein:

PSET X-Koordinate, Y-Koordinate, Farbcode

Wollen wir z. B. konkret den Punkt mit den Koordinaten (160, 185) in der Bildpunktfarbe weiß setzen, so geben wir ein:

>   PSET 160,185,7

Dabei entsteht der im folgenden Bild bezeichnete Punkt.
Die Bildpunktfarbe kann man also durch einen dritten Parameter
in der Anweisung PSET festlegen.

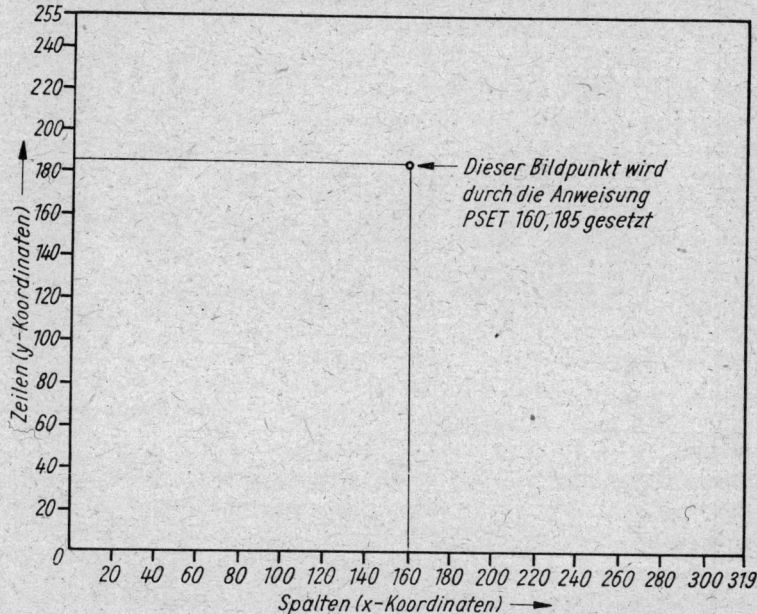

Bild 4.9.1. Vollgrafik oder Pixel-Grafik: Das Anzeigebild besteht aus
einer Vielzahl frei programmierbarer Bildpunkte (Pixel); beim KC 85/2
z. B. aus 320 × 256 Bildpunkten

Den gleichen Bildpunkt kann man durch die Anweisung

>   PRESET 160,185

wieder „rücksetzen" bzw. löschen.
Folgendes kleines Programm zeichnet die Sinusfunktion im Bereich
von 0 bis 2 PI auf den Bildschirm:

```
10 CLS
20 FOR X=0 TO 319
30 Y=128 | 50 *SIN(X/159.5 *PI)
40 Y=INT(Y+0.5)
50 PSET X,Y,7
60 NEXT
```

6*

Tabelle 8

Anweisungen

AUTO	CONT	GOTO	LIST #	POKE	STOP
BEEP	CSAVE	IF THEN	LOAD #	PRESET	*)SWITCH
BLOAD	CSAVE *	INK	LOCATE	PRINT	TROFF
BYE	DATA	INP.	NEW	PRINT #	TRON
CALL	DEEK	INPUT	NEXT	PSET	VPEEK
CALL *	DEF FN	INPUT #	NULL	*)RANDOMIZE	VPOKE
*)CIRCLE	DELETE	*)JOYST	ON GOTO	READ	WAIT
COLOR	DIM	*)KEY	ON GOSUB	REM	WIDTH
CLEAR	DOKE	*)KEYLIST	*)OPEN	RENUMBER	WINDOW
CLOAD	EDIT	LET	OUT	RESTORE	
CLOAD *	ELSE	*)LINE	PAPER	RETURN	
*)CLOSE	FOR TO STEP	LINES	PAUSE	RUN	
CLS	GOSUB	LIST	PEEK	SOUND	

Mathematische Funktionen

ABS	INT	SQR	
ATN	LN	TAN	
COS	SGN		
EXP	SIN		

String-Funktion

*)INSTR	MID$	STR$	
LEFT$	RIGHT$	VAL	
LEN	STRING$	*)VGET$	

Sonstige Funktionen

ASC	FRE	RND	
AT	INKEY$	SPC	
CHR$	POS	TAB	
*)CSRLIN	*)PTEST	USR	

Nach diesen einleitenden Gedanken finden Sie die Liste der BASIC-
Anweisungen des KC 85/3, einer Erweiterung des KC 85/2, in Tabelle 8 vollständig dargestellt. Darüber hinaus hilft Ihnen die im Anhang enthaltene Übersicht, diese Sprachelemente syntaktisch und inhaltlich richtig einzusetzen. Die nur im KC 85/3 verfügbaren Anweisungen sind durch ein *) gekennzeichnet.

4.10.   Noch ein paar Tips

In diesem letzten Abschnitt des Kapitels erfahren Sie, wie Sie Programme möglichst schnell „zum Laufen bekommen".
Hinweise zur Programmoptimierung vervollständigen den Abschnitt.
Eine erste Maßnahme für ein fehlerfreies und lauffähiges Programm
ist eine gründliche Programmvorbereitung. Diese beginnt mit der Erörterung des vorliegenden Problems. Wir überlegen uns, welche Größen bekannt sind, also in das Programm eingehen, und welche Größen
oder Antworten ausgegeben werden sollen.
Danach denken wir uns eine prinzipielle Lösungsmöglichkeit aus und
gliedern diese grob in einzelne Schritte.
Die Schritte übertragen wir anschließend in einen Programmablaufplan[1]. Ein solcher Plan legt die Struktur eines Programms sehr übersichtlich dar, so daß grundlegende Fehler sofort sichtbar werden.
Diese ersten Schritte wollen wir nun einmal an einem Beispiel demonstrieren. Unser Ziel ist es, ein Zahlenratespiel zu erstellen. Dabei
wählt der Computer zufällig eine ganze Zahl von 1 bis zu einer Obergrenze, die der Spieler selber bestimmen darf.
Aufgabe des Spielers ist es, mit möglichst wenigen Tips die gesuchte
Zahl zu erraten. Nach jedem Tip teilt der Computer dem Spieler mit,
ob der Tip zu klein, zu groß oder richtig war. Wird der Tip bestätigt,
so gibt der Computer auch die Anzahl der Tips aus und erfragt, ob
noch ein weiteres Spiel gewünscht wird. In das Programm sind also
die Obergrenze G und der Tip T einzugeben. Aus dem durch die
Obergrenze vorgegebenen Zahlenbereich wählt der Computer zufällig (RND-Funktion einsetzen!) eine ganze Zahl X und legt einen
Zähler Z fest, der nach jedem Tip um eins erhöht wird. Danach wird
der Tip mit der zufälligen Zahl Z verglichen und in Abhängigkeit
davon bestätigt oder mit der Bemerkung zu klein oder zu groß ein
neuer Tip angefordert. Die Spielwiederholungs-Abfrage müßte das

---

[1] Der Programmablaufplan wird auch oft als Flußdiagramm oder Ablauf-
diagramm bezeichnet.

letzte Glied in diesem Programm sein. Diese verbalen Ausführungen sollten die ersten prinzipiellen Überlegungen zur Erörterung des Problems und zur Vorbereitung des Programmablaufplans des Programmierers sein. Der nun anschließend zu erstellende Programmablaufplan legt den Lösungsweg klar und übersichtlich dar. Grundlegende Programmfehler, wie z. B. falsche Programmsprünge oder eine falsche Reihenfolge der Elemente des Lösungsweges, werden nun deutlich sichtbar.

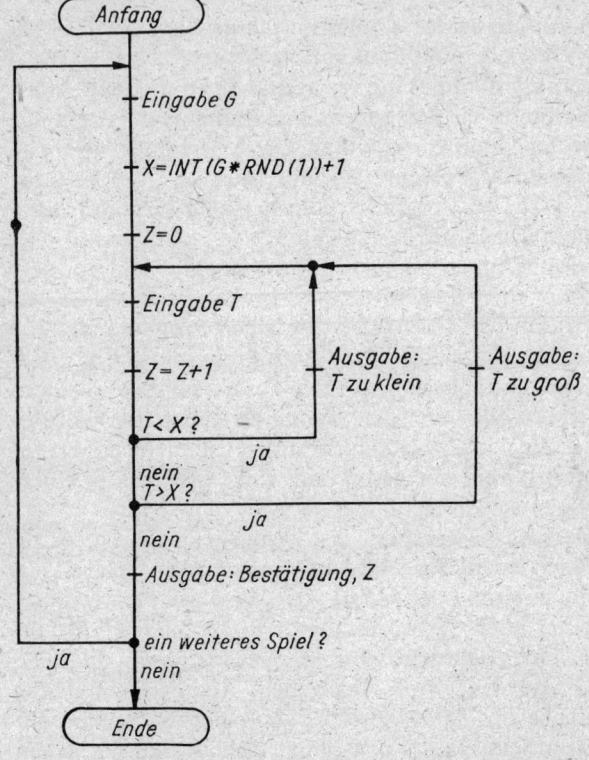

Bild 4.10.1

Für die symbolische Gestaltung des Programmablaufplans gibt es unterschiedliche Möglichkeiten. Wichtig ist, daß die verwendete Symbolik eindeutig ist. Die hier vorgestellte Form ist in der Praxis häufig anzutreffen, da sie nur einen geringen Zeichenaufwand erfordert.
Nun gilt es, den Programmablaufplan in ein BASIC-Programm um-

86

zusetzen. Insbesondere hier macht Übung den Meister. Sollten Sie mit der Handhabung einzelner BASIC-Anweisungen noch nicht ganz sicher sein, so schlagen Sie ruhig noch einmal in der BASIC-Anleitung nach. Das folgende Programm ist eine Möglichkeit der Umsetzung des Programmablaufplans in ein *BASIC-Programm*:

```
10 CLS
20 PRINT"ZAHLENRATESPIEL"
30 INPUT"ZAHLENOBERGRENZE";G
40 X=INT(G*RND(1))+1
50 Z=0
60 PRINT
70 INPUT"IHR TIP:";T
80 Z=Z+1
90 IF T<X THEN PRINT"IHR TIP IST ZU KLEIN":
   PRINT:GOTO 70
100 IF T>X THEN PRINT"IHR TIP IST ZU GROSS":
   PRINT:GOTO 70
110 PRINT"PRIMA! SIE HABEN DIE ZAHL MIT"
120 PRINT Z;"VERSUCHEN ERRATEN."
130 PRINT"WUENSCHEN SIE NOCH EIN SPIEL? (J/N)"
140 INPUT A$
150 IF A$="N" GOTO 170
160 IF A$="J" GOTO 10:ELSE 130
170 END
```

Haben Sie das Programm nun Zeile für Zeile eingegeben, so kontrollieren Sie es noch einmal auf Schreibfehler. Nun kommt die Testphase. Der erste Programmablauf ist fast nie fehlerfrei. (Ist er es doch, so behaupten Experten „mit dem Programm stimmt etwas nicht".) Nun gilt es, die Fehler ausfindig zu machen. Einen ersten Hinweis liefert uns die Fehlermeldung bei Abbruch des Programms. Durch die Angabe der Programmzeilennummer und die Art des Fehlers können diese Programmschwächen meist schnell behoben werden. Oft wird das Programm jedoch gar nicht unterbrochen, sondern der Computer meldet sich einfach nicht wieder oder liefert völlig unverständliche Ergebnisse. Im ersten Fall ist es ratsam, die BREAK-Taste zu drücken, um damit den Programmablauf zu unterbrechen, da sich der Computer höchstwahrscheinlich in einer Programmschleife befindet, aus der er nie herauskommen wird. Nützt im zweiten Fall auch ein „scharfer Blick" auf die kritischen Stellen der Programmliste nichts, so kann man PRINT-Anweisungen in das Programm einfügen, die Variablen vor und nach den kritischen Punkten zur Kontrolle ausgeben. Weiterhin ist es möglich, die Anweisung STOP in das Programm einzufügen. Damit können wir das Programm an jeder beliebigen Stelle anhalten, um uns einen Überblick über den Stand der Abarbeitung zu verschaffen, und es dann an der gleichen Stelle fortsetzen.

Manche BASIC-Interpreter, wie auch der des KC 85/2, verfügen darüber hinaus über die Kommandos TRON und TROFF.

TRON bewirkt, daß bei Abarbeitung eines Programms die Nummern der Zeilen in der Reihenfolge ihrer Abarbeitung angezeigt werden. Mit dem Kommando TROFF wird dieser Anzeigemodus wieder ausgeschaltet.

Vergessen Sie bitte nicht, Korrekturen des Programms, die auch Korrekturen auf dem Programmablaufplan nach sich ziehen, in diesen zu übertragen. Sonst würden Sie eventuell rasch die Übersicht über ein größeres Programm verlieren.

In Bild 4.10.2 sind die wichtigsten Schritte zum Erstellen eines lauffähigen Programms übersichtlich dargestellt.

Der erste fehlerfreie Lauf eines Programms mit den richtigen Ergebnissen stellt wohl immer ein großes Erfolgserlebnis für den Programmierer dar. Nun wäre es jedoch falsch anzunehmen, daß dieses Programm nicht mehr verbesserungsfähig wäre. Ein Programm kann

A) **Problem erörtern**
   – Was ist gegeben?
   – Was ist gesucht?
   – prinzipielle Lösung entwerfen

B) **Programmablaufplan** erstellen

C) Programmablaufplan in ein **BASIC-Programm** umsetzen

D) **Programmtest und -korrektur;** gegebenenfalls auch Korrektur des Programmablaufplanes

Bild 4.10.2. Die vier Etappen der Programmerarbeitung

man in zwei Richtungen optimieren. Zum einen kann man, insbesondere wenn der Speicherplatz knapp wird, den Speicherplatzbedarf des Programms verringern. Zum anderen geht es darum, die Rechenzeit zu verkürzen, d. h., die Programme schneller zu machen.

Ein erster Schritt, Programme schneller zu gestalten, ist die Reduzierung der Anweisungen in den FOR-NEXT-Schleifen auf die unbedingt notwendigen.

Das heißt Variablenfestlegungen, Kommentare mit REM usw. verlagern wir aus der Schleife. Man schreibt z. B. anstelle

```
40 FOR I=1 TO 9
50 F=(D*R+I+4)/6
60 REM FUNKTIONSTABELLE
70 PRINT I,F
80 NEXT I
```

besser

```
40 C=D*R+4
50 REM FUNKTIONSTABELLE
60 FOR I=1 TO 9
65 F=(C+I)/6
70 PRINT I,F
80 NEXT I
```

Hinter der Anweisung REM (von „remark", auf deutsch Bemerkung) können wir zu unserer Information einen beliebigen Kommentar schreiben. Dieser wird vom Computer gespeichert und mit dem Kommando LIST stets ausgegeben. Im Programmablauf werden die REM-Kommentare jedoch völlig ignoriert.

Einen weiteren Zeitgewinn erzielen wir, wenn wir komplizierte Operationen vermeiden. So schreiben wir z. B. statt B=2*A besser B=A+A. Wird innerhalb eines Programms mehrmals z. B. der Wert COS(2.1) benötigt, so sollten wir diesen Wert nicht jedesmal neu berechnen, sondern ihn einer Variablen zuweisen, die später nach Belieben aufgerufen werden kann.

Diese bisher aufgezählten Möglichkeiten beeinträchtigen die Lesbarkeit und Übersichtlichkeit des Programms kaum. Aber darüber hinaus gibt es die Möglichkeit, durch Weglassen der Kommentare, der Leerräume und der Variablen hinter NEXT (Der Computer sucht sich dann jeweils die zuletzt abgearbeitete FOR-Anweisung.) das Programm schneller zu machen. Ein solch „ausgekochtes" Programm ist jedoch schwer verständlich. Jeder Programmierer muß hier selbst wissen, wo er die Prioritäten setzt. Zeitkritische Aufgaben sollten als Unterprogramm in Maschinensprache geschrieben werden, das man mit den entsprechenden BASIC-Anweisungen innerhalb des BASIC-Programms jederzeit aufrufen kann.

Die zuletzt aufgezählten Maßnahmen, wie Wegfall der REM-Kommentare und Leerzeichen zwischen den Anweisungen, sparen selbstverständlich auch Speicherplatz. Die Möglichkeit, mehrere Anweisungen durch Doppelpunkt voneinander getrennt in eine statt in mehrere Programmzeilen zu schreiben, ist eine Möglichkeit, Speicherplatz zu sparen, ohne die Verständlichkeit des Programms wesentlich zu beeinträchtigen. Weiterhin ist es ratsam, Variablennamen mehrmals im Programm zu verwenden, wenn der alte Wert nicht mehr benötigt wird. Auf diese Weise wird kein zusätzlicher Speicherraum gebraucht.

Mit diesen Tips, die Ihnen das Programmieren erleichtern sollen, beschließen wir dieses Kapitel.

Zusammenfassung

Sie werden nun am Ende des Kapitels die Funktionsweise dieser oder jener Anweisung bereits wieder vergessen haben.

Grämen Sie sich nicht. BASIC wurde ja gerade dazu erfunden, daß man mit einer teilweisen Beherrschung der Sprache bereits programmieren kann. Wenn Sie das Prinzip der Programmiersprache verstanden haben und mit einigen Anweisungen, wie PRINT, INPUT, RUN, LIST usw., kleine Programme selbst erstellen und zum Laufen bringen können, so hat dieses Kapitel seinen Zweck voll und ganz erfüllt. Den „Rest" lernen Sie dann sicher mit dem Computer und dem Handbuch beim Programmieren fast unbemerkt.

5. Anwendung

5.1. Fertige Software

Bisher haben wir etwas über den Aufbau, die Funktionsweise und die Programmier-Möglichkeiten eines Kleincomputers erfahren. So besitzen wir eine recht konkrete Vorstellung über Kleincomputer. In diesem Kapitel werden ganz konkret einige Anwendungsmöglichkeiten dieser Geräte aufgezeigt. Dabei gehen wir zunächst auf die Möglichkeiten ein, die uns der Handel in Form fertiger Programme bietet. Im zweiten Abschnitt des Kapitels beschäftigen wir uns mit selbsterstellten Programmen für verschiedenste Einsatzzwecke. Dabei werden einige markante BASIC-Programm-Beispiele herausgegriffen und näher beschrieben.

Beginnen Sie Ihre Arbeit mit einem Kleincomputer, der kein Sprachprogramm im ROM enthält (wie z.B. der robotron KC 85/1 oder der 85/2), so werden Sie, egal ob Sie selber programmieren möchten oder nicht, *Software*, also z.B. spezielle Anwenderprogramme, dazukaufen. Diese Geräte ohne festinstalliertes Sprachprogramm können Sie nämlich in ihrem Grundzustand bestenfalls nur mit dem mikroprozessorspezifischen Maschinencode mittels des Monitorprogramms programmieren. Das ist ein gar mühseliges Unterfangen!

Diese Geräte-Konfiguration bietet jedoch den Vorteil, daß Sie nicht auf die vom Hersteller als *Firmware* installierte Sprache festgelegt sind, sondern aus dem Angebot des Herstellers die ihren Zwecken am besten entsprechende Programmiersprache (Assembler, BASIC bzw. Forth und andere Sprachen, soweit wie vorhanden) aussuchen können.

Nehmen wir einmal an, Sie möchten Ihre Computerarbeit ganz gemächlich beginnen und das Programmieren vorerst zurückstellen. Vielleicht wollen Sie auch gar nicht programmieren lernen, sondern den Computer nur mit Hilfe fertiger Anwender-Programme zur Arbeitserleichterung, z.B. für Abrechnungsaufgaben, als Personenverzeichnis oder zum Archivieren bestimmter Bestände, nutzen.

Für solche Fälle werden entsprechende Anwenderprogramme angeboten. Diese brauchen Sie nur in den Computer zu laden und zu starten (falls sie nicht selbststartend sind).

Auf dem Bildschirm werden dann Informationen zum Programm, z.B. die Spielregeln bei einem Spiel oder der Funktionsumfang eines Archiv-Programms an Hand eines *Menüs* gegeben. Um diese Programme zu nutzen, benötigen Sie nicht die geringste Programmiererfahrung. Alles, was Sie wissen müssen, erfahren Sie aus einer beigelegten Beschreibung und dem Programm selbst.

Solche Programme, die für den Laien ohne große Umstände im Dialogbetrieb leicht zu handhaben sind, werden insbesondere für die Bereiche Aus- und Weiterbildung sowie Handwerk und Gewerbe angeboten. Spielend lernen lautet die Devise für Computer-Lehrprogramme. Es werden Programme für die verschiedensten Wissensgebiete, wie z.B. Training der Grundrechenarten, Wissenstest in Geschichte und Geographie, BASIC-Übungsprogramm, sowie Programme für polytechnische Ausbildung, angeboten. Im kommerziellen Bereich kann die Arbeit kleinerer Betriebe und Einrichtungen durch Programme zur Lagerverwaltung, Personenverzeichnisse oder Programme für Abrechnungsaufgaben unterstützt werden.

Auch im Bereich des Hoch- und Fachschulwesens sowie in kleineren Konstruktions- und Entwicklungsabteilungen erleichtern z.B. Archiv-Programme die Arbeit wesentlich.

Jedoch werden insbesondere hier meist nur selbsterstellte BASIC- und Assembler-Programme den spezifischen Anwender-Wünschen gerecht. Zur Erleichterung der Programmierung werden vom Hersteller neben dem BASIC-Interpreter und dem Assembler-Programm meist noch ein Disassembler, ein Editor und ein Testmonitor angeboten.

Darüber hinaus sind Computerspiele wie Schach, Mondlandung, Mühle, Halma, Turm von Hanoi, Othello oder Musik-Memory eine willkommene Abwechslung in der Computerclubarbeit. Dieses weit gefächerte Software-Angebot, von Videospielen über Lehr- und Sprachprogramme bis hin zu Abrechnungsprogrammen für den kommerziellen Bereich, wird ständig ergänzt. Informieren Sie sich deshalb bitte bei der Vertriebsorganisation über das aktuelle Angebot.

5.2.   Selbsterstellte Software

Warum sollen wir noch selber programmieren, wenn bereits ein breites Software-Angebot vorhanden ist? Auf diese Frage gibt es viele Antworten. Selbsterstellte Programme können kompromißlos auf den speziellen Anwendungsfall zugeschnitten werden. Man kann somit für die ausgefallensten Probleme eine Lösung konstruieren. Der vielleicht wesentlichste Grund für die rasche Verbreitung des Programmierens als Hobby wird jedoch meist als letzter oder gar nicht genannt. Es ist der Spaß an der Sache selbst.

Was dem Alpinisten die Erstbesteigung eines hohen Gipfels ist, ist dem Programmierer der erste fehlerfreie Programmlauf eines selbsterstellten Programms. Woher dieses Gefühl der Begeisterung kommt, vermag wohl auch keiner der unmittelbar Betroffenen exakt zu erklären. Vielleicht ist es der Reiz, das Schwierige, das scheinbar Unmögliche möglich zu machen. Auf jeden Fall kann man bei der Arbeit mit dem Computer seine Kreativität entfalten und der Phantasie freien Lauf lassen.

Ein weiteres, nicht zu unterschätzendes Argument für selbsterstellte Software ist die Kostenfrage. Den finanziellen Schwerpunkt eines Computersystems stellt zunehmend die Software dar. Diese Tendenz liegt begründet in der technologisch immer ausgefeilteren und effektiveren Herstellung der Bauelemente. Neben der pauschal vom Hersteller angebotenen Software gibt es in einigen Ländern auch Software-Büros, in denen man spezielle Programme in Auftrag geben kann. Legt man sich durch diese Möglichkeit eine Programmbibliothek zu, so können die Software-Kosten den Hardware-Preis des Computers um ein Vielfaches übersteigen.

In vielen Ländern haben sich inzwischen Computer-Freunde zu territorialen oder nationalen Clubs zusammengeschlossen. So blickt z.B. in der DDR der Computerclub der KDT im Oktober 1986 auf sein vierjähriges Bestehen zurück.

Diese Clubs ermöglichen einen Erfahrungsaustausch der Mitglieder und informieren über die neuesten Entwicklungen auf dem Gebiet der Computertechnik.

Kommen wir nun zu den angekündigten Programmbeispielen. Entsprechend dem größten Leserkreis dieses Büchleins werden ausschließlich BASIC-Programme vorgestellt. Dies sind keine „ausgekochten" Programme mit den letzten Tricks und Kniffen. Die Programme sollen in erster Linie übersichtlich und leicht durchschaubar sein. Sie vermitteln dem Interessierten einen klaren Eindruck über die Anwendungsmöglichkeiten und geben dem Anfänger Beispiele zum Ausprobieren und Weiterentwickeln in die Hand. Alle vorgestellten Programme sind auf dem KC 85/2 getestet worden. Es wurde dabei beachtet, daß vorwiegend allgemeine BASIC-Anweisungen, die wir in fast allen BASIC-Dialekten finden, zur Anwendung kommen. Somit werden die Programme fast unverändert auch auf anderen Computern laufen. Es steht dem Leser frei, die Programmbeispiele z.B. durch die speziellen Farb- und Tonmöglichkeiten seines Computersystems zu erweitern.

Als erstes wenden wir uns einem Lehrprogramm, dem „1 × 1-*Training*“, zu. Dieses Programm dient der Entwicklung der Kopfrechenfähigkeiten. Den Schwierigkeitsgrad kann sich der Anwender selbst vorgeben, indem er einen maximal zulässigen Faktor vorgibt. Es werden in einem Programmdurchlauf jeweils 12 Aufgaben gestellt, die sowohl einzeln als auch insgesamt ausgewertet und kommentiert werden. Die Faktoren werden mit Hilfe der RND-Funktion zufällig im vorgegebenen Bereich erzeugt. Programmzeile 20 bewirkt, daß das Bild bei Überlauf rollt, das bedeutet, die neue Zeile wird auf dem Bildschirm unten angefügt, und das gesamte Bild rutscht um eine Zeile nach oben, so daß die oberste Zeile wegfällt. Im Unterschied zu diesem Roll-Modus (Scrolling-Modus) gibt es noch den Seiten-Modus (Page-Modus). Hier wird das Bild bei Überlauf wieder von oben nach unten neu beschrieben.

```
10 CLS
20 PRINT CHR$(18)
30 PRINT"      1×1 — TRAINING"
40 PRINT
50 PRINT"   ************": PRINT
60 INPUT"BIS ZU WELCHER ZAHL MOECHTEN SIE
   UEBEN?";Z
70 PRINT:PRINT
80 PRINT"LOESEN SIE BITTE FOLGENDE AUF-
   GABEN:"
90 PRINT
100 P=0:REM FEHLERZAEHLER
110 FOR I=1 TO 12
120 X=INT((Z+1)*RND(2))
130 Y=INT((Z+1)*RND(3))
140 PRINT X;" * ";Y;" = ";
150 INPUT E
160 IF E<>X*Y THEN 190
170 PRINT"RICHTIG"
180 GOTO 270
190 PRINT"FALSCH"
```

```
200 P=P+1
210 ON P GOTO 270,270,220,240,260,270,270,260,240,270,
    270,270
220 PRINT"ETWAS MEHR KONZENTRATION BITTE"
230 GOTO 270
240 PRINT"BESSER AUFPASSEN!"
250 GOTO 270
260 PRINT"NUN NEHMEN SIE SICH ABER
    ZUSAMMEN!"
270 PRINT
280 NEXT I
290 PRINT:PRINT
300 ON P+1 GOTO 310, 340,340,360,360,360,360,380,380,
    380,380,380,380
310 PRINT"AUSGEZEICHNET! SIE KOENNTEN SICH"
320 PRINT"GROESSERE ZAHLEN ZUTRAUEN."
330 GOTO 400
340 PRINT"DAS WAR GUT."
350 GOTO 400
360 PRINT"BEFRIEDIGEND; SIE SOLLTEN UEBEN."
370 GOTO 400
380 PRINT"DAS WAR KEINE HELDENLEISTUNG.
    UEBEN"
390 PRINT"SIE EVENTUELL MIT KLEINEREN
    ZAHLEN."
400 END
```

Anwendungsbeispiel

```
>RUN
      1*1- TRAINING
    ************
BIS ZU WELCHER ZAHL MOECHTEN SIE UEBEN ?
LOESEN SIE BITTE FOLGENDE AUFGABEN:
6 * 4 = ? 24
RICHTIG
9 * 0 = ? 0
RICHTIG
6 * 8 = ? 54
FALSCH
3 * 8 = ? 24
RICHTIG
1 * 2 = ? 2
RICHTIG
2 * 9 = ? 18
RICHTIG
```

```
9 * 6 = ? 54
RICHTIG
4 * Ø = ? 4
FALSCH
9 * 8 = ? 70
FALSCH
ETWAS MEHR KONZENTRATION BITTE
2 * 6 = ? 12
RICHTIG
4 * 2 = ? 8
RICHTIG
8 * 2 = ? 16
RICHTIG
BEFRIEDIGEND; SIE SOLLTEN UEBEN.
OK
```

Als nächstes wollen wir mit unserem Computer eine *digitale Uhr* programmieren. Der Sekundentakt wird dabei in der FOR-Schleife in Zeile 70 erzeugt. Der Computer verweilt bei der Abarbeitung dieser Schleife eine Sekunde abzüglich der Rechenzeit, die das übrige Programm erfordert.

Der in unserem Beispiel angegebene Endwert 480 der Laufvariablen N muß nicht für Ihren Computer zutreffen. Man ermittelt die Anzahl der nötigen Schleifendurchläufe, damit die Uhr weder vor- noch nachgeht, am besten durch Probieren.

```
1Ø CLS
2Ø S=59
3Ø INPUT"GEBEN SIE DIE AKTUELLE STUNDE EIN"; ST
35 IF ST>24 THEN 3Ø
4Ø INPUT"GEBEN SIE DIE AKTUELLE MINUTE EIN"; M
45 IF M>59 THEN 4Ø
5Ø CLS
6Ø REM UHRWERK
7Ø FOR N=1 TO 48Ø: NEXT
8Ø S=S+1
9Ø IF S=6Ø THEN 11Ø
1ØØ GOTO 2ØØ
11Ø S=Ø
12Ø M=M+1
13Ø IF M=6Ø THEN 15Ø
14Ø GOTO 2ØØ
15Ø M=Ø
```

```
160 ST=ST+1
170 IF ST=24 THEN 190
180 GOTO 200
190 S=0 : M=0 : ST=0
200 PRINT AT(10,10);ST;" : ";M;" : ";S;" "
210 GOTO 70
```

Stellvertretend für Kostenberechnungen bzw. Abrechnungsaufgaben aller Art steht das folgende kleine Programm zur Berechnung der *jährlichen Betriebskosten eines Kraftfahrzeugs*.

In der Summations-Schleife von Zeile 190 bis 220 werden alle bis dahin vom Programm noch nicht erfaßten Ausgaben eingegeben und addiert. Erst wenn man den Betrag 0 eingibt, wird diese Programmschleife verlassen und das Programm weiter in Zeile 230 abgearbeitet. Weitere Kommentare zum Programm erübrigen sich, da sich das übersichtliche Programm wohl ausreichend selbst erklärt.

```
10 CLS
20 PRINT CHR$(18): REM SCROLLING-MODUS
30 PRINT"JAEHRLICHE BETRIEBSKOSTEN FUER
   KFZ"
40 PRINT:PRINT
50 INPUT"FAHRSTRECKE IN KM:";S
55 IF S=0 THEN PRINT "WIRKLICH?":GOTO 50
60 INPUT"MITTLERER BENZINVERBRAUCH IN
   L/100KM:";V
70 PRINT"ALLE KOSTEN BITTE IN MARK EINGEBEN!"
80 INPUT"BENZINPREIS/LITER:";P
90 INPUT"STEUER UND HAFTPFLICHTVERS.:";H
100 INPUT"SONSTIGE KFZ-VERSICHERUNGEN:";K
110 INPUT"MONATLICHE GARAGENMIETE:";G
120 G=G*12
130 PRINT"GEBEN SIE NUN ALLE SONSTIGEN
    KOSTEN"
140 PRINT"WIE Z.B. REPARATUR-, PFLEGE- UND"
150 PRINT"ERSATZTEILKOSTEN EIN. SCHLIESSEN
    SIE"
160 PRINT"DIESE EINGABEN MIT DER EINGABE VON
    0"
170 PRINT"AB."
180 R=0
190 INPUT Z
200 IF Z=0 GOTO 230
210 R=R+Z
220 GOTO 190
230 B=S*V*P/100
```

```
240 E=B+R+G+K+H
250 PRINT:PRINT
260 PRINT"BETRIEBSKOSTEN:"
270 PRINT"-/JAHR      :";E;"M"
280 PRINT"-/MONAT     :";E/12;"M"
290 PRINT"-/KILOMETER :";E/S;"M"
300 PRINT:PRINT
310 PRINT"       *** VIELEN DANK! ***"
320 END
```

Anwendungsbeispiel

>RUN
JAEHRLICHE BETRIEBSKOSTEN FUER KFZ
FAHRSTRECKE IN KM: 10000
MITTLERER BENZINVERBRAUCH IN L/100KM: 9
ALLE KOSTEN BITTE IN MARK EINGEBEN!
BENZINPREIS/LITER: 1.65
STEUER UND HAFTPFLICHTVERS.: 369
SONSTIGE KFZ-VERSICHERUNGEN: 158
MONATLICHE GARAGENMIETE: 20
GEBEN SIE NUN ALLE SONSTIGEN KOSTEN
WIE Z.B. REPARATUR-, PFLEGE- UND
ERSATZTEILKOSTEN EIN. SCHLIESSEN SIE
DIESE EINGABEN MIT DER EINGABE VON 0 AB.
? 37.67
? 128
? 624. 70
? 53.80
? 243.75
? 0
BETRIEBSKOSTEN:
-/JAHR   : 3339.92 M
-/MONAT   : 278.327 M
-/KILOMETER   : .333992 M
       *** VIELEN DANK! ***
OK

Das folgende Programm sortiert eine Liste von Wörtern in alphabetischer Reihenfolge. Dabei werden alle Wörter den Variablen eines Variablenfelds zugeordnet. Diese Feldvariablen besitzen alle den gleichen Namen und unterscheiden sich nur durch ihre Indizes. Die Indizes werden in Klammern hinter den Variablennamen geschrieben. Mit Hilfe der Anweisung DIM werden solche Variablenfelder festgelegt und die Variablen gleich Null gesetzt. Die Anweisung

DIM A(15)

98

legt ein Variablenfeld fest, das aus 16 Variablen (A(0) bis A(15)) besteht. Gleiches gilt selbstverständlich auch für Stringvariablenfelder.

Wie bereits erwähnt, wird also die Liste der zu sortierenden Wörter unseres Programms einem Variablenfeld zugeordnet. Nun werden die Feldelemente miteinander verglichen und dem kleinsten die Feldvariable mit dem niedrigsten Index durch Vertauschen zugeordnet. Dieses kleinste (alphabetisch erste) Wort der Vergleichsliste wird ausgegeben, und die entsprechende Variable gelangt nicht mehr zu weiteren Vergleichen. Möchten Sie Listen größeren Umfangs sortieren, so erweitern Sie den Stringspeicherbereich entsprechend mit dem Kommando

> CLEAR 800

Die Zahl hinter CLEAR gibt dabei die Anzahl der zu reservierenden Bytes für den Stringspeicherbereich an.

```
10 PRINT"ALPHABETISCHES ORDNEN"
20 INPUT"ANZAHL DER WOERTER";Z
30 DIM A$(Z)
40 PRINT"DIE WOERTER BITTE:"
50 FOR I=1 TO Z
60 INPUT A$(I)
70 NEXT I
80 FOR I=1 TO Z-1
90 J=I+1
100 FOR K=I TO Z
110 IF A$(K)>A$(J) GOTO 130
120 J=K
130 NEXT K
140 W$=A$(J)
150 A$(J)=A$(I)
160 A$(I)=W$
170 PRINT A$(I)
180 NEXT I
190 PRINT A$(Z)
200 END
```

Anwendungsbeispiel

```
>RUN
ALPHABETISCHES ORDNEN
ANZAHL DER WOERTER 6
DIE WOERTER BITTE:
? KLAUS
? THEA
```

7*

```
? CARSTEN
? OTTO
? EVA
? SABINE
CARSTEN
EVA
KLAUS
OTTO
SABINE
THEA
OK
```

Einem mathematisch Interessierten zu erklären, daß ein Kleincomputer insbesondere für seine Zwecke geeignet ist, hieße wohl Eulen nach Athen zu tragen. Angefangen bei der Berechnung einfacher geometrischer Körper über die grafische Darstellung von Funktionen bis zur numerischen Integration und zu Iterationsverfahren, stellt ein solcher Computer das ideale Hilfsmittel dar. Deshalb sollen auch zwei kleine mathematische Beispielprogramme in diesem Kapitel nicht fehlen. Als erstes betrachten wir ein Programm, das eine beliebige natürliche Zahl in eine *Zahlendarstellung zur Basis G* umwandelt. Dabei ist G im Programm beliebig vorzugeben. So hat man eine natürliche Zahl z.B. im Nu in eine Dual- oder Oktalzahl (Basis 8) umgewandelt. Eventuell muß auch bei diesem Programm der Stringspeicherbereich mit Hilfe des Kommandos CLEAR erweitert werden.

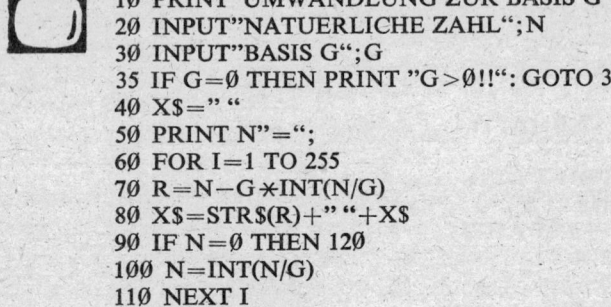

```
10 PRINT"UMWANDLUNG ZUR BASIS G": PRINT
20 INPUT"NATUERLICHE ZAHL";N
30 INPUT"BASIS G";G
35 IF G=Ø THEN PRINT "G>Ø!!": GOTO 30
40 X$=" "
50 PRINT N"=";
60 FOR I=1 TO 255
70 R=N-G*INT(N/G)
80 X$=STR$(R)+" "+X$
90 IF N=Ø THEN 120
100 N=INT(N/G)
110 NEXT I
120 PRINT"("X$")"G
130 END
```

Anwendungsbeispiel

```
>RUN
UMWANDLUNG ZUR BASIS G
NATUERLICHE ZAHL 33
```

BASIS G 2
33 =(Ø 1 Ø Ø Ø Ø 1) 2
OK

Mit dem nächsten Programm kann man näherungsweise die *Null-stellen einer* beliebigen *Funktion* $f(x)$ bestimmen. Dabei kommt als Iterationsverfahren die Halbierungsmethode zur Anwendung. Bei diesem Verfahren sind die Grenzen a und b eines Intervalls, in dem die zu bestimmende Nullstelle x mit $f(x)=0$ liegt, vorzugeben. Hierbei soll $f(a) \cdot f(b) < 0$ sein. Man halbiert das Intervall und erhält damit den Punkt

$$x = \frac{a+b}{2}.$$

Ist nun $f(a) \cdot f(x) < 0$, so wird $b: = x$ gesetzt. Anderenfalls (daraus folgt $f(x) \cdot f(b) \leqq 0$) wird $a: = x$ gesetzt.

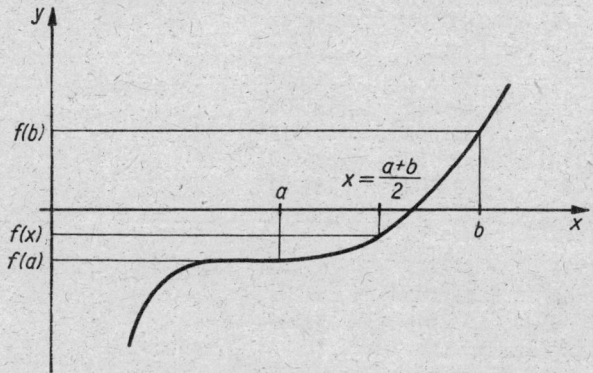

Bild 5.2.1. Nullstellenbestimmung mit der Halbierungsmethode

In diesem kleineren Intervall wird nun wieder der Mittelpunkt bestimmt usw. Das Verfahren wird fortgesetzt, bis die Abbruchbedingung $|b-a| < \varepsilon$ erfüllt ist. ε ist dabei die vorgegebene Genauigkeit. $\varepsilon = 10^{-4}$ ergibt eine Genauigkeit von vier Stellen nach dem Komma. Die Berechnung in Programmzeile 80 beschränkt die Ergebnisausgabe auf vier Stellen nach dem Komma.
Die für das Programm als Beispiel gewählte Funktion

$$f(x)=x^3+3x^2-1$$

kann durch Veränderung der Zeile 20 durch jede andere im betrachteten Intervall stetige Funktion ersetzt werden.

```
10 PRINT"NULLSTELLENBESTIMMUNG"
20 DEF FNU(X)=X*X*X+3*X*X−1
30 INPUT"INTERVALLGRENZEN";A,B
40 X=(A+B)/2
45 PRINT A,B,X
50 IF ABS(B−A) < 1E−4 THEN GOTO 80
60 IF FNU(A)*FNU(X)<Ø THEN B=X : GOTO 40
70 A=X : GOTO 40
80 PRINT"NULLSTELLE:"; INT(X*1E4)/1E4
90 END
```

Anwendungsbeispiel

```
>RUN
NULLSTELLENBESTIMMUNG
INTERVALLGRENZEN Ø,1
```

Ø	1	.5
.5	1	.75
.5	.75	.625
.5	.625	.5625
.5	.5625	.53125
.53125	.5625	.546875
.53125	.546875	.539063
.53125	.539Ø63	.535156
.53125	.535156	.533203
.53125	.5332Ø3	.532227
.53125	.532227	.531738
.531738	.532227	.531982
.531982	.532227	.5321Ø5
.531982	.5321Ø5	.532044
.532Ø44	.5321Ø5	.532Ø74

```
NULLSTELLE: .532
OK
```

Nach diesem Exkurs in die Mathematik wollen wir den Abschnitt mit zwei unterhaltsamen Spielen beschließen.

Das erste Spielprogramm ist ein recht kurzes, ausbaufähiges Programm zur *Ermittlung von Lottozahlen*. Dieses Lottoprogramm könnte z. B. durch eine Tip-Eingabe, die Möglichkeit mehrerer Ziehungen und einer entsprechenden Auswertung erweitert werden.

```
10 PRINT"ZAHLENLOTTO 6 AUS 49"
20 DIM B(5Ø)
30 FOR I=1 TO 6
40 Z=INT(49*RND(1)+1)
50 IF B(Z)=1 GOTO 4Ø
60 B(Z)=1
```

```
70 NEXT I
80 FOR I=1 TO 49
90 IF B(I)=1 THEN PRINT I
100 NEXT I
110 END
```

Anwendungsbeispiel

```
>RUN
ZAHLENLOTTO 6 AUS 49
 7
14
19
25
36
37
OK
```

Das letzte Programm des Abschnitts simuliert die *Landung einer Mondfähre* durch Handsteuerung auf der Mondoberfläche.

In einer Entfernung von 192 km zur Mondoberfläche mit einer Geschwindigkeit von 1600 m/s gibt der Bordcomputer die Fähre zur Handsteuerung frei. Die Gesamtmasse des Flugkörpers beträgt 33 t. Davon sind 17,5 t Treibstoff. Auf dem Bildschirm erscheint eine Instrumententafel, die eine Zeit-, eine Höhen-, eine Geschwindigkeits- und eine Brennstoffvorratsanzeige enthält. Die Steuerung der Fähre erfolgt durch Vorgabe der Bremswerte. Dabei sind der Bremsschub in Liter/Sekunde und die Bremszeit in Sekunden durch Komma voneinander getrennt einzugeben, Aus technischen Gründen sollte der Bremsschub nicht größer als 300 l/s sein. Ein Bremsschub von Null entspricht dem freien Fall.

Die Anweisung PAUSE in Programmzeile 270 unterbricht die Abarbeitung des Programms für eine bestimmte Zeitdauer. Die Zeitdauer wird durch den der Anweisung folgenden Parameter in Zehntelsekunden festgelegt. Im vorliegenden Anwendungsfall ermöglicht die Anweisung dem Nutzer den Bildschirmtext zu lesen, bevor dieser nach der PAUSE-Anweisung wieder gelöscht wird.

```
 4 REM MONDLANDUNG
 5 CLS
10 PRINT"      ACHTUNG!":PRINT
20 PRINT"      ********************"
30 PRINT
40 PRINT,"WIR BEFINDEN UNS IM ANFLUG AUF DEN"
50 PRINT
```

```
 6Ø PRINT"MOND. DIE GESCHWINDIGKEIT UNSERER"
 7Ø PRINT
 8Ø PRINT"MONDFAEHRE UND WEITERE AKTUELLE"
 9Ø PRINT
1ØØ PRINT"DATEN ENTNEHMEN SIE BITTE DER
GLEICH"
11Ø PRINT
12Ø PRINT"ERSCHEINENDEN INSTRUMENTEN
TAFEL."
13Ø PRINT
14Ø PRINT"IHRE AUFGABE IST ES, DURCH DIE"
15Ø PRINT
16Ø PRINT"VORGABE VON SCHUB UND SCHUB
DAUER"
17Ø PRINT
18Ø PRINT"DIE FAEHRE WEICH ZU LANDEN."
19Ø PRINT
2ØØ PRINT"(BEIDE WERTE SIND DURCH KOMMA"
21Ø PRINT
22Ø PRRINT"VONEINANDER GETRENNT EINZU
GEBEN.)"
23Ø PRINT
24Ø PRINT"ICH UEBERGEBE IHNEN JETZT DIE"
25Ø PRINT
26Ø PRINT"STEUERUNG."
27Ø PAUSE 2ØØ
28Ø CLS
29Ø PRINT"MONDLANDUNG"
3ØØ PRINT
31Ø READ A,V,M,N,G,Z,L
32Ø PRINT"ZEIT" TAB(6)"HOEHE" TAB(15)"V";
33Ø PRINT TAB(19)"BRENNST." TAB(28)"SCHUB?"
TAB(35)"T?"
34Ø PRINT"SEC" TAB(6)"METER" TAB(13)"KM/H"
TAB(19)"LITER";
35Ø PRINT TAB(28)"L/S" TAB(34)"SEC"
36Ø PRINT INT(L+Ø.5);TAB(4)INT(A);TAB(11)INT
(3.6*V);
37Ø PRINT TAB(17)INT(M-N) TAB(28);
38Ø INPUT K,T: REM SCHUB, SCHUBDAUER
39Ø IF M-N>Ø.ØØ1 THEN 66Ø
4ØØ REM LANDUNG
41Ø PRINT"BRENNSTOFF VOR LANDUNG ZU ENDE"
42Ø S=(-V+SQR(V*V+2*A*G))/G
43Ø V=V+G*S
44Ø L=L+S
45Ø W=3.6*V
```

```
460 PRINT
470 PRINT"LANDUNG MIT "INT(W)"KM/H"
480 IF W>3.5 THEN 500
490 PRINT"BRAVO! WIE EIN SCHMETTERLING"
500 IF W>8 THEN 530
510 PRINT"GRATULIERE! WEICHE LANDUNG"
520 GOTO 590
530 IF W>60 THEN 560
540 PRINT"HARTE LANDUNG. AUF RETTUNG
WARTEN!"
550 GOTO 590
560 PRINT"KNALLHARTE LANDUNG OHNE
UEBERLEBENDE"
570 PRINT"DER NEUE MONDKRATER IST"
580 PRINT INT(SQR(W*(N+M)/M))"METER TIEF!"
590 PRINT:PRINT
600 PRINT"MOECHTEN SIE NOCH EINE MOND
LANDUNG"
610 PRINT"PROBIEREN? (J/N)"
620 INPUT X$
630 IF X$="N" THEN END
640 IF X$<>"J" THEN 600
650 RESTORE: GOTO 280
660 IF T<0.001 THEN 360: REM ZEITENDE
670 S=T
680 IF M>N+S*K THEN 700
690 S=(M-N)/K
700 GOSUB 900: REM BEWEGUNGSGLEICHUNG
710 IF I<=0 THEN 760: REM NEUE HOEHE
720 IF V<=0 THEN 740: REM ALTE GESCHWINDIG
KEIT
730 IF J<0 THEN 820: REM NEUE GESCHWINDIGKEIT
740 GOSUB 970: REM DATEN AENDERN
750 GOTO 390
760 IF S<0.005 THEN 450
770 D=V+SQR(ABS(V*V+2*A*(G-Z*K/M)))
780 S=2*A/D
790 GOSUB 900
800 GOSUB 970
810 GOTO 760
820 W=(1-M*G/(Z*K))/2
830 S=M*V/(Z*K*(W+SQR(W*W+V/Z)))+0.005
840 GOSUB 970
850 S=T
860 IF I<0 THEN 760
870 GOSUB 970
880 IF J>0 OR V<=0 THEN 390
```

```
890 IF V>Ø THEN 820
900 Q=S*K/M
910 J=V+G*S+Z*LN(1−Q)
920 B=A
930 IF Q<Ø.ØØØ1 THEN 950
940 B=A+S*Z/Q*((1−Q)*LN(1−Q)+Q)
950 I=B−V*S−G*S*S/2
960 RETURN
970 L=L+T
980 T=T−S
990 M=M−S*K
1000 A=I
1010 V=J
1020 RETURN
1030 DATA 192ØØØ,16ØØ,33ØØØ,155ØØ,1.6,288Ø,Ø
1040 END
```

Anwendungsbeispiel

 >RUN

ACHTUNG!

****

WIR BEFINDEN UNS IM ANFLUG AUF DEN
MOND. DIE GESCHWINDIGKEIT UNSERER
MONDFAEHRE UND WEITERE AKTUELLE
DATEN ENTNEHMEN SIE BITTE DER GLEICH
ERSCHEINENDEN INSTRUMENTENTAFEL.
IHRE AUFGABE IST ES, DURCH DIE
VORGABE VON SCHUB UND SCHUBDAUER
DIE FAEHRE WEICH ZU LANDEN.
(BEIDE WERTE SIND DURCH KOMMA
VONEINANDER GETRENNT EINZUGEBEN.)
ICH UEBERGEBE IHNEN JETZT DIE
STEUERUNG.

MONDLANDUNG

ZEIT	HOEHE	V	BRENNST.	SCHUB?	T?
SEC	METER	KM/H	LITER	L/S	SEC
Ø	192ØØØ	576Ø	175ØØ	? 5Ø,5Ø	
5Ø	115597	5231	15ØØØ	? 5Ø,5Ø	
1ØØ	47Ø12	4632	125ØØ	? 1ØØ,2Ø	
12Ø	23Ø64	3979	1Ø5ØØ	? 3ØØ,15	
135	1Ø278	2Ø95	6ØØØ	? 3ØØ,1Ø	
145	6488	594	3ØØØ	? 1Ø,2Ø	
165	3176	597	28ØØ	? 15,1Ø	
175	1556	569	265Ø	? 2Ø,8	
183	341	523	249Ø	? 3ØØ,1	
184	219	355	219Ø	? 3ØØ,1	

185	144	183	1890	? 200,1
186	109	69	1690	? 70,1
187	94	33	1620	? 12,4
191	62	26	1572	? 12,5
196	31	19	1512	? 12,3
199	17	14	1476	? 14,2
201	11	8	1448	? 12,3
204	7	4	1412	? 11,2
206	5	2	1390	? 10,5
211	5	0	1340	? 8,3
214	4	2	1316	? 8.5,5

```
LANDUNG MIT 1  KM/H
HARTE LANDUNG. AUF RETTUNG WARTEN!
MOECHTEN SIE NOCH EINE MONDLANDUNG
PROBIEREN? (J/N)
? N
OK
```

Zusammenfassung

Kleincomputer unterstützen wirksam die Aus- und Weiterbildung, so daß uns diese Technik eines Tages genauso vertraut sein wird, wie es heute z. B. der Fernseher ist. Daraus ergibt sich als großer Einsatzbereich die Volksbildung, die Berufsbildung und das Hoch- und Fachschulwesen. Aber auch in Konstruktions- und Entwicklungsabteilungen können Kleincomputer die Arbeit wirkungsvoll unterstützen

Kleincomputer ermöglichen dem Handwerk und Gewerbe eine unkomplizierte Nutzung der modernen Rechentechnik. Sie können z. B. zur Lagerverwaltung, für Inventur- oder Abrechnungsaufgaben eingesetzt werden.

Durch Kopplung der Kleincomputer mit anderen Rechnersystemen (s. Abschnitt 7.4) ergibt sich eine weitere Vielzahl von Einsatzmöglichkeiten zur professionellen Nutzung, z. B. in der Industrie. Im Rahmen dieses Buches werden wir jedoch auf solche Einsatzgebiete nicht weiter eingehen.

Nicht zuletzt sind diese Computer auch für den Computerclub als neues Freizeitangebot konzipiert. Hier können sie z. B. zu Videospielen, für Steuerungsaufgaben und zum Musizieren genutzt werden.

Man kann den Computer ohne Programmierkenntnisse durch fertige, im Handel erhältliche Programme nutzen. Durch die leicht erlernbare Kleincomputersprache Nr. 1, BASIC, ist dem begeisterten Programmierer ein weites Betätigungsfeld gegeben. Darüber hinaus wird der Experte insbesondere bei zeitkritischen Programmen die Möglichkeit der Assembler-Programmierung zu schätzen wissen. Diese breite Palette von Anwendungsmöglichkeiten kann durch den Ausbau des Computersystems noch erweitert werden. Doch dazu mehr im nächsten Kapitel.

6. Wir bauen unser Computersystem aus

6.1. Warum es nie langweilig wird

Das Suchen nach neuen und besseren Lösungen in der Computerarbeit ist keine Tätigkeit, die sich irgendwann erschöpft, so daß man sagen könnte „ich habe alles ausprobiert". Je tiefer man in die Thematik eindringt, um so deutlicher werden die unerschöpflichen Möglichkeiten dieser neuen Technik. Durch zunehmende Geschicklichkeit und Erfahrung vermag der Programmierer die Leistungsfähigkeit seines Computers ständig zu steigern. Ein Computer ist nur so gut wie die Programme, die auf ihm laufen. Um möglichst schnell hinter Schliche und Tricks zu kommen, ist ein Erfahrungsaustausch sehr nützlich. Hierfür bieten die Applikationszentren und die bereits erwähnten Computerclubs die besten Möglichkeiten.

So können Sie sich mit der Zeit eine umfangreiche Programm-Bibliothek zulegen, die eine vielfältige Nutzung ihres Computers gewährleistet. Damit können Sie ein Computersystem durch Software ausbauen.

Daneben gibt es die Möglichkeit, das Computersystem durch zusätzliche Hardware aufzurüsten. Diese Zusatzgeräte erweitern den Aktionsradius eines Kleincomputers wesentlich. Sie können sowohl über die Vertriebsorganisation erworben als auch selbst gefertigt werden. Mancher Bastler hat schon lange auf einen kleinen Computer zur Ansteuerung seiner Schaltung oder Modellanlage gewartet. Die Steuerung von Prozessen und Vorgängen ist jedoch nur eine weitere Anwendungsmöglichkeit eines Kleincomputers durch Hardware-Erweiterungen.

Im nächsten Abschnitt werden wir ausführlich erfahren, welche weiteren Ausbaumöglichkeiten ein Kleincomputersystem bietet.

6.2.   Hardware-Erweiterungen

Kleinere Ergänzungseinheiten zu Kleincomputer-Systemen werden oft in Form von Modulen angeboten. Größere sind über ein flexibles Kabel mit dem Grundgerät verbunden. Bei diesen Zusatzgeräten warten die Hersteller mit unterschiedlichen Formen auf.

Module sind kleine Kästen, die durch eine Steckverbindung am Computer anzuschließen sind. Diese können nun verschiedenste Ergänzungseinheiten enthalten. So werden fast zu jedem Kleincomputersystem RAM-Erweiterungen angeboten. Mit einem größeren Arbeitsspeicher kann man umfangreichere und komfortablere Programme sowie größere Datenmengen verarbeiten. Programm-Module stellen eine weitere Ergänzungsmöglichkeit dar. Diese enthalten Festwertspeicher, in denen spezielle Anwenderprogramme gespeichert sind. So können z.B. auch der BASIC-Interpreter oder Spiele in Form von Modulen angeboten werden. Mit der Kontaktierung des Moduls an das Grundgerät ist das im Modul gespeicherte Programm sofort betriebsbereit. Dadurch entfällt der Ladevorgang mittels Recorder. Zugleich wird Arbeitsspeicher gewonnen, der sonst von dem Kassetten-Anwenderprogramm belegt würde. Für Kleincomputer, die in der Grundausstattung noch nicht über Farb- und Tonausgabe verfügen, bietet der Hersteller meist Farb- oder Musikmodule zur Nachrüstung an.

Eine weitere Ergänzung, die den Unterhaltungswert des Computersystems hebt, stellen Spielhebel dar. Hiermit können Videospiele oft viel praxisnäher als über die Tastatur gesteuert werden. Bei einigen Kleincomputern stehen dem Anwender bereits in der Grundausstattung Kanäle des Ein-/Ausgabe-Bausteins (I/O-Port) zur Ansteuerung von Peripherie (z.B. Drucker) frei zur Verfügung.

Für Geräte, die diese Möglichkeiten nicht enthalten, werden I/O-Ports mit anwenderfreien Kanälen zur Nachrüstung angeboten. Ein I/O-Port ist eine Schnittstelle, über die der Computer Daten senden und empfangen kann. Somit ist der Kleincomputer in der Lage, externe Geräte und Schaltungen zu überwachen und zu steuern. Als eine Anwendungsmöglichkeit für das Hobby im Computerclub würde sich z.B. eine Ablaufsteuerung für eine Modelleisenbahnanlage anbieten.

Zur Kommunikation mit anderen Geräten stehen standardisierte Schnittstellen zur Verfügung. Die am weitesten verbreitete Norm für die serielle Datenübertragung ist die V.24- oder RS 232-Schnittstelle. Mittels dieser Schnittstelle lassen sich z.B. viele Drucker anschließen. Durch diese Erweiterungsmöglichkeit gewinnt das Kleincomputersystem natürlich enorm an Attraktivität. Damit bekommt der Anwender praktisch eine elektronische Schreibmaschine mit einer großen Speicherkapazität ins Haus. Der Handwerker erhält einen Rechnungsbeleg und Institutionen können mühelos ihre umfangreiche Korrespondenz abwickeln.

Die bisher aufgeführten kleineren Ergänzungsbaugruppen werden meist in Form von Modulen angeboten. Bei größeren Zusatzgeräten gibt es, wie bereits erwähnt, die unterschiedlichsten gestalterischen Lösungen. Um dem Leser trotzdem eine konkrete Vorstellung zu geben, wie so etwas aussehen kann, schauen wir uns als Beispiel die Ausbaumöglichkeiten des KC 85/3-Systems einmal an. Ausgehend von der unkonventionellen Gestaltung des Grundgeräts, durch Trennung von Tastatur und Computer wurde in Mühlhausen ein sachliches, zweckorientiertes Konzept zum Systemausbau entwickelt. Wie auf dem Blockschaltbild in Abschnitt 2. zu erkennen ist, wird der Systembus an drei Stellen des Grundgeräts nach außen geführt. Die beiden zur Frontseite gerichteten Steckverbinder dienen zum Anschluß von Modulen. Die Module sind an die in der Frontseite befindlichen Modulschächte einzuführen und zu kontaktieren. Die dritte, an der Rückseite des Grundgeräts herausgeführte Anschlußmöglichkeit zum Systembus ist für Erweiterungsaufsätze vorgesehen. Die Aufsätze besitzen die gleiche Form wie das Grundgerät und verfügen über eine eigene Stromversorgung. An jedem Aufsatz kann wiederum durch einen an der Rückwand herausgeführten Steckverbinder ein weiterer Aufsatz angeschlossen und so mit dem Systembus verbunden werden. Dadurch wird der Anwender zukünftig in der Lage sein, das Computersystem zu einem übersichtlichen und platzsparenden Geräteturm zusammenzustellen. Vorerst plant der Hersteller einen Aufsatz mit vier Modulschächten.

Durch diese Aufsätze und die im Grundgerät bereits enthaltene Speichersteuerung steht es dem Anwender z. B. frei, sein Computersystem theoretisch beliebig in Richtung der maximalen Erweiterungskapazität des Arbeitsspeichers auf 4000 KByte auszubauen.

Neben diesen gebräuchlichsten Ergänzungseinheiten für Kleincomputersysteme gibt es noch eine Vielzahl weiterer Ergänzungen, die wohl kaum alle in diesem kleinen Buch beschrieben werden können. Es ist jedem Computer-Spezialisten die Freiheit gegeben, Ergänzungseinheiten entsprechend seinen speziellen Problemen selbst zu bauen. Auch hierbei kommen die Computer-Hersteller den Bastlern entgegen. So werden z. B. für den KC 85/2 ein User-Modul, in welches der Anwender seine eigene Schaltung bauen kann, sowie ein Moduladapter zur Kopplung größerer selbstentworfener Peripherie

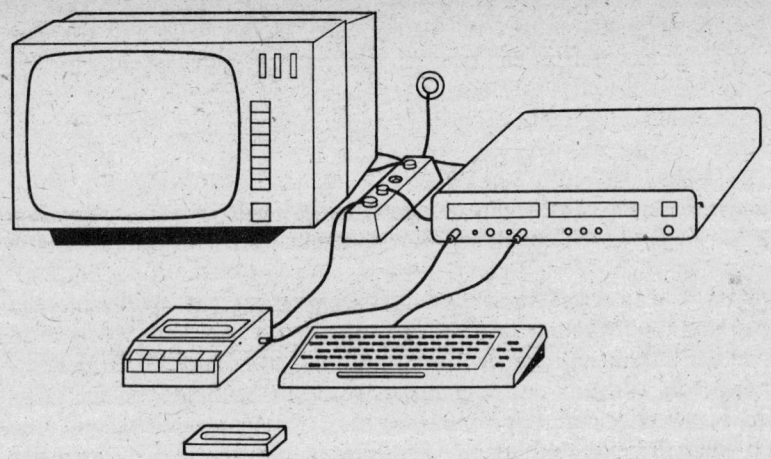

Bild 6.2.1. KC 85/2-Grundausstattung (Computer, Tastatur, Programm-kassette) in der minimalen Gerätekonfiguration

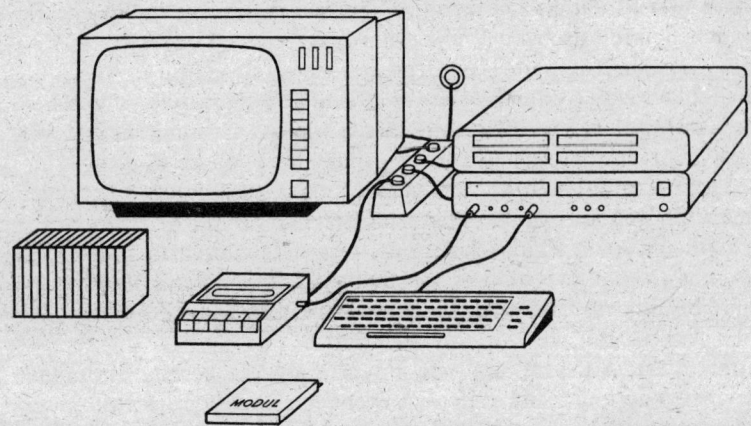

Bild 6.2.2. KC 85/2-System in einer ersten Ausbaustufe mit einem Aufsatz zur Aufnahme von vier Modulen

angeboten. Dadurch braucht sich der Anwender nicht weiter mit Bastelarbeiten am Gefäßsystem aufzuhalten.

Nach all diesen Ausführungen stellt sich das Kleincomputersystem als eine Arbeitserleichterung oder neue Freizeitbeschäftigung mit viel-fältigsten Möglichkeiten dar. Dabei ist eine gesunde Paarung von Kreativität und sauberer Logik gefragt.

Vielleicht ist aber gerade dieses der Grund für die große Popularität dieser neuen Technik.

112

Zusammenfassung

Kleincomputer unterstützen wirkungsvoll die Lern- und Büroarbeit und bieten Spaß und Unterhaltung als interessantes Hobby in der Freizeit. Diese Anwendungsvielfalt kann durch Erweiterungen gezielt vergrößert werden. Dadurch ist das Aktionsfeld Kleincomputer grenzenlos und gewährleistet dem Anwender auch nach jahrelanger Beschäftigung, stets neue Einsatzmöglichkeiten zu entdecken und auszutüfteln.

Ein Kleincomputersystem kann seine Leistungsfähigkeit entfalten und erweitern durch

– die zunehmende Geschicklichkeit und Erfahrung des Programmierers,

– ständig neue Software-Angebote und

– Hardware-Ergänzungen.

Dabei gewinnt das Kleincomputer-System insbesondere für den kommerziellen Bereich durch den Anschluß eines Druckers für Rechnungen und zur Geschäftskorrespondenz sowie durch Speichererweiterungen enorm an Attraktivität.

7. Die Kleincomputer und ihre großen Brüder

7.1. Der robotron KC 85/1

Bild 7.1.1. Minimalkonfiguration des KC 85/1 ergänzt durch zwei Spielhebel

Der robotron KC 85/1 gestattet in der Grundausführung die Ausgabe von Informationen auf dem Bildschirm in schwarz-weiß. Der Zeichengenerator verfügt über 96 Textzeichen sowie 128 Grafiksymbole, mit denen der Anwender eine Quasigrafik realisieren kann. Als Textzeichen stehen Groß- und Kleinbuchstaben sowie Ziffern und Sonderzeichen zur Verfügung. Der Bildaufbau erfolgt wahlweise durch 24 Zeilen × 40 Zeichen oder 20 Zeilen × 40 Zeichen. Durch den im Grundgerät eingebauten Summer kann ein Ton erzeugt werden.

Zur Grundausstattung gehören

- der Kleincomputer KC 85/1 mit Netz- und Koaxialkabel,
- eine Programmkassette gegen gesonderte Berechnung,
- ein Ersatzteilbeutel und
- die Gerätedokumentation (Bedienungsanleitung, Einführung in die Programmiersprache BASIC, Tabellensammlung, Programmierhilfen).

Nach dem Einschalten des Computers meldet sich das Betriebssystem mit der Ausgabe von "KC 85/1 OS". OS ist eine Abkürzung von „Operating System". Der Funktionsumfang des Monitorprogramms erlaubt dem Anwender, Maschinenprogramme von Magnetbandkassette zu laden, ein Modulprogramm zu starten und die Nutzung einer Systemuhr. Das Laden bzw. Starten eines solchen Programms erfolgt durch die Eingabe des Programmnamens und der Betätigung der ENTER-Taste. Die Uhrfunktionen werden durch das Schlüsselwort "TIME" aufgerufen.

Auf der mitgelieferten Programmkassette befindet sich ein Maschinenprogramm, welches das Speichern von Maschinenprogrammen durch des Kommando "SAVE" sowie ein anschließendes vergleichendes Lesen (VERIFY) ermöglicht.

Außer diesem 1-KByte-Maschinenprogramm befinden sich auf der Programmkassette noch ein 10-KByte-BASIC-Interpreter sowie drei BASIC-Programme mit einer Länge von etwa je 5 KByte.

Um den Computer zu nutzen, ist es (mit Ausnahme der Systemuhr) grundsätzlich erforderlich, Anwenderprogramme in den Computer zu laden. Zur Programmierung ist außer dem BASIC-Interpreter noch ein Assembler erhältlich.

Darüber hinaus hält der Hersteller ein breites Angebot von Anwenderprogrammen für die Bereiche Datenverarbeitung, Spiele, Lehre und Lernen, Heim und Hobby sowie Wissenschaft und Technik bereit. Alle Programme sind mit einer entsprechenden Dokumentation versehen. Dieses Angebot soll ständig ergänzt werden. In der Grundversion stehen dem Anwender 8 Leitungen des PIO und ein CTC-Kanal zum Anschluß selbstgebauter Peripherie frei zur Verfügung.

Das Grundgerät kann durch Zusatzmodule ausgebaut werden. So wird es z.B. mit Hilfe eines Musik-Ausgabemoduls möglich, monophone Klänge mit acht verschiedenen Lautstärken in einem Frequenzumfang von 6 Oktaven zu programmieren.

Bis auf das Farb-Zusatzmodul sind alle Module problemlos vom Anwender selbst in vier äußere Steckplätze einzusetzen. Soll der KC 85/1 farbtüchtig gemacht werden, muß eine Servicewerkstatt den Farb-Zusatzmodul im Computer und den RGB-Anschluß im Farbfernsehgerät nachrüsten.

Die folgenden technischen Parameter und Erweiterungsmöglichkeiten werden Ihnen einen klaren Eindruck von den Möglichkeiten des KC 85/1 vermitteln.

Tabelle 9. Technische Parameter

Bezeichnung:	Kleincomputer KC 85/1
Hersteller:	VEB Robotron-Meßelektronik „Otto Schön" Dresden
Bauform:	Kompaktgerät
Abmessungen:	$400 \times 300 \times 30/85$ (in mm)
Masse:	etwa 4,1 kg
Schutzgrad:	IP 20 nach St RGW 778
Schutzklasse:	II nach TGL 21366
Betriebsspannung:	220 V $\sim$
Leistungsaufnahme:	25 W
Mikroprozessor:	U 880 D
Schreib-Lesespeicher:	17 KByte RAM
für Anwender nutzbar:	16 KByte RAM
Festwertspeicher:	6 KByte ROM
Speichererweiterung:	auf maximal 64 KByte durch Zusatzmodule
Tastatur:	alphanumerische Elastomertastatur mit 65 Tasten
Anzeigeeinheit:	Schwarzweiß- oder Farbfernsehgerät
Bildaufbau:	24 Zeilen $\times$ 40 Zeichen (Standard) 20 Zeilen $\times$ 40 Zeichen (wahlweise einschaltbar) 1 Zeichen = 8×8 Bildpunkte
Grafikmöglichkeiten:	Quasigrafik mit 128 Grafiksymbolen
Farbmöglichkeiten:	nachrüstbar (nur RGB-Ausgang)
Tonmöglichkeiten:	1 Summerton
externer Speicher:	Kassettenmagnetbandgerät
externe Anschlüsse:	1 Buchse für Fernsehanschluß (VHF-Ausgang) 1 Buchse für Kassettenmagnetbandgerät 1 Buchse für spezielle Anwendungen (Ein-/Ausgabe)

Tabelle 9. (Fortsetzung)

externe Anschlüsse:	2 Buchsen für Spielhebel 1 und 2 Nach Erweiterung 'auf Farbwiedergabe neue Buchsenbelegung: 1 Buchse: Spielhebel 1 und 2 1 Buchse: RGB-Farbanschluß 4 Steckplätze für Zusatzmodule
Programmiersprachen:	BASIC, Assembler

Erweiterungsmöglichkeiten des Computersystems durch Module:
– Farb-Zusatzmodul
Ermöglicht die Farbwiedergabe über RGB-Anschluß mit je acht verschiedenen Farben für Vorder- und Hintergrund.
– BASIC-Zusatzmodul
10-KByte-BASIC-Interpreter auf ROM
– RAM-Erweiterungsmodul
16-KByte-Speichererweiterung (zweimal nutzbar)
– ROM-Erweiterungsmodul
10-KByte-Modul mit Steckfassung für selbst programmierte ROMs
– Musik-Ausgabemodul
Dieser Modul gestattet eine monophone Tonwiedergabe in 8 verschiedenen Lautstärken mit einem Tonhöhenumfang von 6 Oktaven.
– ADC-Zusatzmodul
Analog-Digital-Umsetz-Modul
– DAC-Zusatzmodul
Digital-Analog-Umsetz-Modul
– Druckeranschlußmodul
– Programmiermodul
– E/A-Kanal-Erweiterungsmodul
– Spielhebel

7.2.   Der KC 85/2

Mit dem KC 85/2 steht dem Anwender ein Kleincomputer zur Verfügung, der bereits in der Grundausstattung mit Farbausgabe in 24 verschiedenen Farben, Vollgrafik mit 81 920 frei programmierbaren Bildpunkten sowie stereophoner Musikausgabe aufwartet. Das KC 85/2-System zeichnet sich durch große Variabilität (Nutzung eines anderen Betriebssystems möglich) und hohe Ausbaufähigkeit (Speichersteuerung) aus.
Der Bildaufbau erfolgt in 32 Zeilen zu je 40 Zeichen. Ein Zeichen besteht dabei aus 8×8 Bildpunkten. Der Zeichengenerator des Be-

Bild 7.2.1. KC 85/2 in der Minimalkonfiguration

triebssystems enthält Großbuchstaben, Ziffern und Sonderzeichen.
Dieser Zeichenvorrat kann vom Anwender auf Grund der Grafik-
möglichkeiten des Computers, z. B. durch Kleinbuchstaben, Grafikzeichen oder griechische Buchstaben, beliebig verändert oder erweitert werden.
Zur Grundausstattung gehören
– das KC 85/2-Grundgerät mit Netz- und Antennenkabel,
– die KC 85/2-Tastatur,
– ein Handbuch zum KC 85/2-Grundgerät sowie
– eine Programmkassette mit BASIC-Handbuch gegen gesonderte
Bezahlung.
Nach dem Einschalten des Computers meldet sich dieser mit folgendem Bild arbeitsbereit:

```
* HC-900-CAOS *
>SWITCH
>JUMP
>MENU
>SAVE
>VERIFY
>LOAD
>COLOR
>MODIFY
```

118

Dabei wird der Funktionsumfang des Betriebssystems CAOS (Cassette Aided Operating System) als Menü aufgelistet. Die einzelnen Kommandos können durch Anwählen mit dem Cursor und Betätigung der ENTER-Taste oder durch nochmalige Eingabe und einem Druck auf die ENTER-Taste ausgeführt werden. Mit Hilfe der acht Monitor-Kommandos kann der Anwender auch ohne Anwenderprogramme umfangreiche Operationen ausführen. Es ist ihm dadurch auch möglich, das Computersystem weitestgehend nach seinen Vorstellungen (z.B. mit einem anderen Betriebssystem) zu nutzen.

Mit dem Kommando SWITCH können Speicherbereiche (z.B. Module oder der IRM) ein- und ausgeschaltet sowie schreibgeschützt werden.

JUMP ermöglicht die Nutzung eines anderen Betriebssystems. MENU bewirkt die Anzeige des aktuellen Menüs. Mit dem Kommando SAVE werden Maschinenprogramme auf Magnetband gespeichert. Die gespeicherten Programme können anschließend mit VERIFY überprüft werden. Durch LOAD erfolgt das Laden der Programme. Das Kommando COLOR legt durch zwei folgende Parameter die Vorder- und die Hintergrundfarbe fest. MODIFY erlaubt dem Anwender, Speicherzellen zu lesen und zu verändern.

Dadurch ist es dem Anwender auch ohne zusätzliche Software möglich, das Computersystem in der hexadezimalen Computersprache zu programmieren. Da diese Form der Programmierung jedoch nur etwas für versierte Fachleute ist, macht sich in den meisten Nutzungsfällen ein Anwenderprogramm erforderlich.

Als Hilfsprogramme zum selbständigen Programmieren stehen dem Nutzer der auf der mitgelieferten Kassette befindliche 10-KByte-BASIC-Interpreter sowie ein U 880-Assembler zur Verfügung.

Neben diesen Programmen ist für den KC 85/2 eine breite Palette von Programmen für den Freizeitbereich im Club, Aus- und Weiterbildung, Wissenschaft und Technik, sowie Handwerk und Gewerbe erhältlich. Zu den Programmen wird stets eine entsprechende Dokumentation mitgeliefert.

Auf Grund der unkonventionellen gestalterischen Lösung des Grundgeräts (Trennung von Tastatur und Computer; Module seitlich ansteckbar) konnte ein raumsparendes und übersichtliches Gefäßsystem für die Erweiterungen des Computersystems entwickelt werden. Dieses besteht, wie schon im letzten Kapitel beschrieben und bildlich dargestellt, aus Modulen und den geplanten Aufsätzen.

Das Angebot von Programmen und den Hardware-Erweiterungen zum KC 85/2-System soll ständig ergänzt werden.

Tabelle 10. **Technische Parameter**

Bezeichnung:	Kleincomputer KC 85/2
Hersteller:	VEB Mikroelektronik „Wilhelm Pieck" Mühlhausen im VEB Kombinat Mikroelektronik
Bauform:	Grundgerät mit abgesetzter Tastatur
Abmessungen:	Grundgerät 380×250×70 (in mm) Tastatur 296×152×18/29 (in mm)
Masse:	ca. 4800 g (Grundgerät und Tastatur)
Schutzgrad:	IP 20 nach TGL 15165
Schutzklasse:	II nach TGL 21366
Betriebsspannung:	220 V ~
Leistungsaufnahme:	ca. 25 W
Mikroprozessor:	U 880 D
Schreib-Lesespeicher:	32 KByte RAM
für Anwender nutzbar:	ca. 18 KByte RAM
Festwertspeicher:	4 KByte ROM
Speichererweiterung:	auf maximal 4096 KByte durch Module und Aufsätze
Tastatur:	alphanumerische Elastomertastatur mit leitfähigen Schaltelementen, 64 Tasten
Anzeigeeinheit:	Farb- oder Schwarzweiß-Fernsehgerät
Bildaufbau:	320×256 Bildpunkte
Grafikmöglichkeiten:	Vollgrafik mit 81920 frei programmierbaren Bildpunkten
Farbmöglichkeiten:	16 Vordergrundfarben 8 Hintergrundfarben
Farbfernsehnorm:	PAL
Tonmöglichkeiten:	Tonerzeugung: 2 Tongeneratoren Tonhöhenumfang: 2×5 Oktaven Tonwiedergabe: – über Fernsehgerät (mono), Lautstärke in 32 Stufen beeinflußbar – über Stereoanlage bei konstantem Pegel
externe Speicher:	Kassettenmagnetbandgerät oder Spulentonbandgerät
externe Anschlüsse:	1 TV-Anschluß durch Kabel mit Antennenstecker 1 TV-Anschluß für FBAS oder RGB 1 Diodenbuchse für Kassettenmagnetbandgerät (mit Motorschaltspannung, TTL-Pegel) bzw. für Stereoanlage zur Tonausgabe 2 Steckplätze für Module 1 Expansionsinterface für Erweiterungsaufsätze
Programmiersprachen:	BASIC, Assembler

Erweiterungsmöglichkeiten des Computersystems durch Module:
- Moduladapter zur Ankopplung eigener Schaltungen
- User-Modul zum Einbau eigener Schaltungen
- EPROM-Erweiterung 8 KByte
- RAM-Erweiterung 16 KByte
- User-Port mit digitaler Ein-/Ausgabe (1 PIO, 1 CTC)
- serielles Interface V.24
- BASIC-Modul

sowie zukünftig durch Aufsätze:
- Aufsatz mit 4 Modulschächten

7.3. Der KC 85/3

Bild 7.3.1. Der KC 85/3 in der Minimalkonfiguration

Der KC 85/3 ist eine Erweiterung des KC 85/2. Der Umfang des fest-installierten ROM wurde von 4 KByte auf 16 KByte vergrößert. Hier finden außer den im KC 85/2 bereits enthaltenen Programmen weitere Menü-Routinen (DISPLAY, KEY, KEYLIST) sowie ein erweiterter 10 KByte großer BASIC-Interpreter (Menüanweisungen: BASIC, REBASIC) Platz. Dadurch entfällt das zeitaufwendige Laden des BASIC-Interpreters vom Magnetband.
Der Interpreter wurde zur unkomplizierten Nutzung der Grafikfähigkeiten des Systems um die Anweisungen LINE (Zeichnen von Gera-

den), CIRCLE (Zeichnen von Kreisen) und die Funktion PTEST erweitert.

Die neu hinzugekommenen Anweisungen OPEN, CLOSE und SWITCH erleichtern die Arbeit mit der Peripherie. Darüber hinaus wird der BASIC-Programmierkomfort mit 4 weiteren Anweisungen und 2 Funktionen erhöht.

Durch die Verlagerung des BASIC-Interpreters in den ROM stehen dem Anwender bei gleichgroßem RAM nun 16 KByte zur BASIC-Programmierung plus 1,5 KByte für Maschinenprogramme und Daten zur Verfügung.

Da der KC 85/3 kompatibel zum Vorgänger-Modell, dem KC 85/2, ist, können alle für das KC 85/2-System beschriebenen Hard- und Software-Erweiterungen auch mit dem KC 85/3 genutzt werden.

7.4.   Die großen Brüder der KC

Wie bereits in Abschnitt 2. ausgeführt, sind die Kleincomputer Teil eines breiten Spektrums von einfachsten Spielcomputern bis hin zu Großrechenanlagen. Um die Leistungsfähigkeit der von uns betrachteten Geräte richtig einordnen zu können, wollen wir das nahe Umfeld der Kleincomputer etwas genauer unter die Lupe nehmen.

Bild 7.4.1. BC 5120/30

122

Bild 7.4.2. PC 1715

Bild 7.4.3. AC 7100

In Tabelle 11, S. 124, werden zu diesem Zweck die in der DDR vorhandenen Personal-, Büro- und Arbeitsplatzcomputer mit ihren wichtigsten Parametern vorgestellt. Darüber hinaus werden in Tabelle 12, S. 125, ausgewählte periphere Geräte beschrieben, die maßgeblich die Qualität und Leistungsfähigkeit eines Computersystems bestimmen.

Tabelle 11. In der DDR verfügbare Mikrocomputer

Bezeichnung (Bild-Nr.)	CPU	RAM (KByte)	ROM	Schnitt-stelle	Periphere Geräte	Farbe Vorder-/Hinter-grund	Vollgrafik (Pixel)	Anschluß KC 85/3 KC 85/2
KC 85/1 (7.1.1)	U 880	16	4	(V.24)[1]	Kassette Drucker	8/8	/	/
KC 85/2 (7.2.1)	U 880	32	4	V.24	Kassette Drucker Plotter	16/8	320×256	über V.24
KC 85/3 (7.3.1)	U 880	32	16	V.24	wie KC 85/2	16/8	320×256	über V.24
MC 80/33	U 880	16	16	V.24	Kassette Drucker	/	/	/
BC 5120/30 (7.4.1)	U 880	64	2	V.24 IFSS	Kassette Diskette Drucker (Plotter)	/	/	über V.24
PC 1715 (7.4.2)	U 880	64	2	V.24 IFSS	Diskette Drucker	/	/	über V.24
AC 7100 (7.4.3)	8086	256		V.24 IFSS IFSP Centr.	Diskette Festplatte Drucker Plotter	/	640×400	über V.24

[1] nur Datenausgabe möglich

Tabelle 12. Ausgewählte periphere Geräte

Bezeich- nung (Bild-Nr.)	Ge- schwind. (Zeich./s)	Schnitt- stelle	Papier- breite (bzw. Format)	Zei- chen/ Zeile (max!)	Bemerkung
Drucker K 6311 (7.4.4)	100 Z/s	V.24 IFSS IFSP Centronics	85...265 mm	120	Matrix- Nadeldrucker
Drucker K 6314	100 Z/s	V.24 Centronics	85...410 mm	233	Matrix- Nadeldrucker Vollgrafik
Drucker K 6303 (7.4.5)	1...4 Zeilen/s	V.24 Centronics		40	Thermo- Punkt- zeilendrucker
Drucker robotron 1152/252	40 Z/s	RS 232 C (V.24) Centronics	...380 mm	252	Typenrad- drucker
Schreib- maschine (S 6010) S 6005	ca. 15 Z/s	V.24	330 mm		Typenrad- drucker
Plotter K 6411 (7.4.6)	600 mm/s	V.24 IFSS IFSP	A 2		8-Farben- Plotter

Bild 7.4.4. Nadeldrucker K 6311

Bild 7.4.5. Thermodrucker K 6303

Bild 7.4.6. Plotter K 6411

Nachbemerkung

Abweichungen zu den gegebenen Informationen sind durch technische Weiterentwicklung möglich.

126

8. Kleines Computer-Lexikon

Nachdem Ihnen bisher die Software und Hardware von Kleincomputern thematisch gegliedert nahegebracht wurde, finden Sie in diesem Abschnitt die wichtigsten Fachbegriffe in alphabetischer Reihenfolge erläutert. Deshalb wird Ihnen dieser Teil des Buches über das erstmalige informative Lesen hinaus ein nützliches Nachschlagewerk für computerspezifische Ausdrücke, die uns täglich häufiger in Zeitschriften, Gesprächen und Prospekten begegnen, sein.
Dabei wird selbstverständlich nicht noch einmal mit der gleichen Ausführlichkeit, wie wir sie in den ersten Kapiteln finden, auf die Grundbegriffe eingegangen. Sollte ein Begriff vergeblich gesucht werden, so hilft das Sachwortverzeichnis am Ende des Buches meist weiter.

ALGOL

ALGOL (von ALGOrithmic Language) ist eine höhere Programmiersprache. Sie eignet sich insbesondere für die Verarbeitung mathematischer und technologisch-wissenschaftlicher Probleme. Der Dialogbetrieb sowie die Textverarbeitung gestalten sich jedoch schwieriger als in BASIC.

alphanumerisch

Unter alphanumerischen Zeichen versteht man Buchstaben, Ziffern und Sonderzeichen.

Anwenderprogramm

Anwenderprogramme, wie z. B. ein Schachprogramm oder ein Stück-listenprogramm, spezifizieren den Computer für einen bestimmten Einsatzzweck. Sie sind für Kleincomputer in Form von Magnet-bandkassetten und Programm-Modulen erhältlich oder können vom Anwender selbst erstellt werden.

Arbeitsspeicher s. RAM

ASCII

Bei dem „American Standard Code for Information Interchange" handelt es sich um einen 7-Bit-Code für die Zeichendarstellung. Da der Computer nur duale Werte, Bits, verarbeitet, erfolgt die computer-interne Darstellung der Zeichen durch 7 Bit. Mit 7 Bit lassen sich 128 verschiedene Bitkombinationen von 0000000 bis 1111111 reali-sieren. Jeder dieser Bitkombinationen ist durch den ASCII-Standard genau ein Zeichen, d. h. ein Buchstabe, eine Ziffer, ein Satzzeichen oder ein Steuerzeichen, zugeordnet. Die Zuordnung der Bitkombina-tionen zu den ASCII-Zeichen können Sie Tabelle 13 entnehmen. Dabei sind die Bitkombinationen sowohl als hexadezimaler als auch als dezimaler Zahlencode angegeben. Die ersten 32 Zeichen sind Steuerzeichen. Sie bewirken z. B. die Cursorbewegungen auf dem Bildschirm. Man sagt, sie sind „nichtdruckend".

Assembler

Dieser Begriff bezeichnet sowohl die aus mnemonischen Befehlen be-stehende Programmiersprache als auch das Übersetzungsprogramm (Assemblierer), das Programme aus der Assemblersprache in die Maschinensprache übersetzt.
Durch dieses Programm können Maschinenprogramme in Form von mnemonischen Befehlen eingegeben werden. Mnemonische Befehle sind Abkürzungen aus der englischen Sprache, die entschieden ein-prägsamer und übersichtlicher als die hexadezimale Darstellung sind. Die Assembler-Sprache umfaßt dabei den gleichen Befehlsvorrat wie die entsprechende Maschinensprache. Umfangreichere Maschinen-programme werden heute nur noch mit Hilfe von Assemblern erstellt.

128

Tabelle 13. ASCII-Standard

hex. Code	dez. Code	ASCII-Zeichen	hex. Code	dez. Code	ASCII-Zeichen
00	0	NUL	29	41	)
01	1	SOH	2A	42	*
02	2	STX	2B	43	+
03	3	ETX	2C	44	,
04	4	EOT	2D	45	−
05	5	ENQ	2E	46	.
06	6	ACK	2F	47	/
07	7	BEL	30	48	0
08	8	BS	31	49	1
09	9	HT	32	50	2
0A	10	LF	33	51	3
0B	11	VT	34	52	4
0C	12	FF	35	53	5
0D	13	CR	36	54	6
0E	14	SO	37	55	7
0F	15	SI	38	56	8
10	16	DLE	39	57	9
11	17	DC1	3A	58	:
12	18	DC2	3B	59	;
13	19	DC3	3C	60	<
14	20	DC4	3D	61	=
15	21	NAK	3E	62	>
16	22	SYN	3F	63	?
17	23	ETB	40	64	@
18	24	CAN	41	65	A
19	25	EM	42	66	B
1A	26	SUB	43	67	C
1B	27	ESC	44	68	D
1C	28	FS	45	69	E
1D	29	GS	46	70	F
1E	30	RS	47	71	G
1F	31	US	48	72	H
20	32	Space	49	73	I
21	33	!	4A	74	J
22	34	"	4B	75	K
23	35	#	4C	76	L
24	36	$	4D	77	M
25	37	%	4E	78	N
26	38	&	4F	79	O
27	39	'	50	80	P
28	40	(	51	81	Q

hex. Code	dez. Code	ASCII-Zeichen	hex. Code	dez. Code	ASCII-Zeichen
52	82	R	69	105	i
53	83	S	6A	106	j
54	84	T	6B	107	k
55	85	U	6C	108	l
56	86	V	6D	109	m
57	87	W	6E	110	n
58	88	X	6F	111	o
59	89	Y	70	112	p
5A	90	Z	71	113	q
5B	91	[	72	114	r
5C	92	\	73	115	s
5D	93	]	74	116	t
5E	94	↑	75	117	u
5F	95	—	76	118	v
60	96	\	77	119	w
61	97	a	78	120	x
62	98	b	79	121	y
63	99	c	7A	122	z
64	100	d	7B	123	{
65	101	e	7C	124	:
66	102	f	7D	125	}
67	103	g	7E	126	~
68	104	h	7F	127	DEL

A V-Buchse

Dies ist eine gebräuchliche Bezeichnung des FBAS-Eingangs (s. FBAS)

BASIC

BASIC (von „*B*eginners *A*ll Purpose *S*ymbolic *I*nstruction *C*ode") ist eine in den sechziger Jahren entwickelte höhere Programmiersprache. Sie ist sowohl zur Verarbeitung numerischer Probleme als auch von Problemen der Textverarbeitung geeignet. Auf Grund der leichten Erlernbarkeit hat sich diese Sprache international zur populärsten Programmiersprache für Mikrocomputer entwickelt.
(s. auch Abschnitt 3. und 4.)

Baud

Ein Baud (abgekürzt Bd) ist eine Einheit für die Schrittgeschwindigkeit bei der seriellen Datenübertragung. Ein Bd entspricht der Übertragungsgeschwindigkeit von einem Bit je Sekunde.

BCD

Die Abkürzung steht für „binär verschlüsselte Dezimalzahl" (binary coded decimal). Diese Zahlen bestehen aus dezimalen Ziffern, die durch vier Bit dargestellt werden.

Beispiel
42 (dezimal) = 0100 0010 (BCD)
Im Vergleich zu den hexadezimalen Zahlen wird hierbei durch den Verzicht auf sechs weitere mögliche Zahlendarstellungen Speicherplatz „verschenkt".

Befehlsvorrat

Darunter ist die Gesamtheit von Befehlen in Maschinen-Sprache, die ein Rechner ausführen kann, zu verstehen.

Betriebssystem

Das Betriebssystem ist ein Paket von Grundprogrammen, das den Computer erst funktionsfähig macht. Bei Kleincomputern ist dieses Programmpaket im ROM gespeichert und tritt nach dem Einschalten sofort in Aktion. Es realisiert die Tastaturabfrage, die Bildschirmsteuerung und die Bedienung peripherer Einheiten, wie z.B. den Kassettenrecorder oder den Drucker.

Bildwiederholspeicher s. IRM

Binärsystem

Das Binär- oder Dualsystem ist ein Zweierzahlensystem. Es baut auf den beiden nur möglichen binären Werten 1 und 0 auf. Diese werden als binäre Ziffern durch ein Stellenwertsystem zu Binär- oder Dualzahlen verknüpft. Dabei entspricht die Wertigkeit einer Zifferposition von rechts nach links aufsteigend einer Zweierpotenz.

Beispiel

$$10011 \text{ (binär)} = 1 \cdot 2^4 + 0 \cdot 2^3 + 0 \cdot 2^2 + 1 \cdot 2^1 + 1 \cdot 2^0 = 19$$

Bit

Der Bezeichnung Bit (von „binary digit") können inhaltlich folgende Bedeutungen zugeordnet werden:
- Binärzeichen oder Dualziffer (0 und 1)
- kleinste Informationseinheit
- Einheit für die Kapazität eines Speichers (1 KBit = 1 024 Bit) und Übertragungsbreite (eines Kanals)

(s. auch Abschnitt 2.)

Block

Unter einem Block wird eine Folge von Zeichen verstanden, die in einem Vorgang geschrieben oder gelesen werden. Beim KC 85/3 erfolgt die Datenübertragung zwischen Recorder und Computer in Blöcken zu je 128 Byte.

Bus (binary unit system)

Ein Bus ist eine Sammelleitung zur Informationsübertragung zwischen den einzelnen Baugruppen des Computers. Nach Art der Information unterscheidet man den Datenbus (data bus), den Adreßbus (adress bus) und den Steuerbus (control bus).

Byte

Mehrere Bit ergeben zusammen als nächstgrößere Informationseinheit ein Byte. Dabei gab es unterschiedliche Festlegungen (1 Byte = 5 Bit, 6 Bit oder 8 Bit). International hat sich die Festlegung 1 Byte = 8 Bit durchgesetzt. Auf dieser Byte-Definition basieren auch die Kleincomputersysteme aus der DDR. Ein Byte ist in Rechenanlagen die kleinste direkt adressierbare Informationseinheit.

(s. auch Abschnitt 2.)

C

C ist eine Programmiersprache, die ein knappes und elegantes Programmieren erlaubt. Sie ist für den Anfänger jedoch nicht geeignet, da sich beim Programmieren schnell Fehler einschleichen können. Ein- und Ausgabe-Anweisungen sind in C nicht enthalten. Zur Nutzung dieser Sprache ist deshalb ein umfangreiches Wissen erforderlich. C wird für Mikrocomputer eine zunehmende Bedeutung erlangen.

Chip

Ein Chip ist ein Halbleiterkristallplättchen, das eine vollständig integrierte Schaltung oder auch nur ein Bauelement enthält.

COBOL

Die „*CO*mmon *B*usiness *O*rientated *L*anguage" wird hauptsächlich zur kommerziellen Datenverarbeitung eingesetzt. Diese problemorientierte Programmiersprache ist besonders zur Bewältigung großer Datenmengen geeignet.

Compiler

Ein in einer höheren Programmiersprache (z. B. BASIC, FORTRAN) eingegebenes Programm muß zur Verarbeitung durch ein Übersetzungsprogramm in die Maschinensprache des Rechners übersetzt werden. Dieses Übersetzungsprogramm entwickelt aus dem vorliegenden Quellprogramm ein Maschinenprogramm, das der Rechner direkt verarbeiten kann. Erfolgt diese Übersetzung räumlich oder zeitlich getrennt vom eigentlichen Programmablauf, so handelt es sich bei dem Übersetzungsprogramm um einen Compiler (im Gegensatz zum Interpreter).

CPU

Die „Central Processing Unit" oder in deutsch Zentrale Verarbeitungseinheit steuert alle Abläufe im Computersystem. In allen KC kommt die CPU U 880 zum Einsatz.

Cursor

Ein Cursor ist eine Markierung auf dem Bildschirm, die dem Benutzer die Stelle, auf der das nächste eingegebene Zeichen dargestellt wird, angibt. Beim KC 85/3 ist dies z. B. ein andersfarbiges Quadrat.

Datei (File)

Eine Datei ist eine Zusammenfassung von Datensätzen, die logisch zu einem Sachverhalt gehören. Datensätze bestehen aus einzelnen Datenfeldern, die jeweils ein Datum enthalten.
Dateien kann man komplett mit einem Namen versehen, auf einem externen Speichermedium abspeichern und später von dort wieder in den Computer laden. Die Aufzeichnung einer Datei erfolgt bei den von uns betrachteten Kleincomputern in Blöcken zu je 128 Byte.

Disassembler

Ein Disassembler (auch Reassembler) ist ein Programm, das ein Maschinenprogramm in leichter verständliche mnemonische Befehle übersetzt (vgl. auch Assembler).

Diskette

So werden die runden, magnetbeschichteten und flexiblen Speicherfolien, die sich in einer verschlossenen quadratischen Schutzhülle befinden, bezeichnet. Dieses Speichermedium ermöglicht neben einer hohen Informationsdichte einen wahlfreien Zugriff zu den gespeicherten Dateien. So kann eine Diskette mit einer Schutzhüllen-Kantenlänge von etwa 13 cm ein Datenvolumen bis etwa 640 KByte speichern. Außerdem gewährleistet der Diskettenbetrieb hohe Schreib- und Lesegeschwindigkeiten.
Disketten gibt es in den Größen $5^1/_4$ Zoll und 8 Zoll.

Display

Ein Display ist eine Anzeigeeinheit zur optischen Darstellung von Informationen. Dies kann z. B. in einem einfachen Fall die digitale Anzeige eines Taschenrechners sein. Bei Kleincomputern wird aus ökonomischen Gründen das meistens bereits vorhandene Fernsehgerät als Display genutzt.

Drucker

Zur Programmdokumentation sowie für Rechnungsbelege und Korrespondenzen stellt ein Drucker eine notwendige Ergänzung des Kleincomputersystems dar. Es besteht die Möglichkeit, geeignete elektronische Schreibmaschinen (z. B. S 6005, S 6010) oder Drucker über ein entsprechendes Interface mit dem System zu koppeln.

Dualsystem s. Binärsystem

E/A-Anschluß, E/A-Baustein

Eingabe-Ausgabe-Anschluß, Eingabe-Ausgabe-Baustein s. I/O-Port

Editor

Als Editor oder Texteditor bezeichnet man ein Programm, mit dem man Texte eingeben oder verändern kann. Mit einem Editor sollte es z. B. möglich sein, einzelne Zeilen zu löschen oder neue zwischen schon bestehende einzufügen. Ein Editor bietet also umfangreiche Textkorrekturmöglichkeiten. Oft enthält er auch Anweisungen zum alphabetischen Sortieren aller Zeilen. Für Kleincomputer wird der Editor meist in Form von nachladbarer Software angeboten.

EEPROM

Darunter versteht man einen „Electrically EPROM". Dieser EPROM (s. dort) wird nicht mit UV-Licht, sondern elektrisch durch das Anlegen einer Spannung gelöscht.

Entwicklungssystem

Ein Entwicklungssystem ist ein Computer, der ein rationelles Testen von Software und Hardware sowie deren Zusammenspiel für ein zu entwickelndes Mikrocomputer-System ermöglicht. Im einzelnen wird ein Entwicklungssystem für folgende Schwerpunktaufgaben eingesetzt:

– Software: Erleichterung des Schreibens, Änderns, Speicherns, Übersetzens und des Austestens von Programmen
– Hardware: Nachbildung von Hardware, Erleichterung des Tests von Eigenschaften einer Schaltung
– Überwachung des Zusammenspiels von Hardware und Software eines externen Mikrocomputersystems
– PROM-Programmierung

EPROM

„Erasable Programmable ROM" heißt sinngemäß übersetzt „lösch- und programmierbarer Festwertspeicher". Dieser Speicherbaustein kann vom Anwender selbst mit Hilfe einer EPROM-Programmiereinrichtung programmiert werden. Sollte das gespeicherte Programm Fehler aufweisen oder nicht mehr gebraucht werden, so kann es wieder gelöscht werden. Dies geschieht durch intensive Ultraviolett-Bestrahlung des ICs.

Expander

Als Expander oder Expansionsgerät wird ein an den Computer anschließbares Gefäßsystem zur Aufnahme von Erweiterungseinheiten wie z.B. Speichererweiterungen, E/A-Bausteine oder Interfaces bezeichnet. Der Erweiterungsaufsatz mit vier Modulschächten des KC 85/2-Systems ist ein konkretes Beispiel.

FBAS

Das FBAS-Signal (Farb-, Bild-, Austast- und Synchronsignal) dient zur Ansteuerung von Farbmonitoren (z.B. Farbfernsehgeräten). Es wird bei einem Monitor oder einem Fernsehgerät in die AV-Buchse (Videobuchse) eingespeist. Durch Zwischenschalten eines HF-Modulators erhält man das übliche „Fernsehsignal", welches man in den Antenneneingang eingeben kann. Manche Kleincomputer, wie z.B. auch der KC 85/2, besitzen neben dem üblichen Videoausgang als Antennenstecker einen FBAS-Ausgang. Das FBAS-Signal realisiert gegenüber dem Antennensignal eine höhere Bildqualität. Eine optimale Bildqualität erzielt man durch einen RGB-Anschluß (s. dort).

Feld s. Variablenfeld

Festwertspeicher s. ROM

File s. Datei

Firmware

Programme, wie z.B. das Betriebssystem oder ein Interpreter, die fest im ROM gespeichert sind, bezeichnet man als Firmware. Dazu gehören bei Kleincomputern zumindest die Routinen zur Tastaturabfrage und zur Bildschirmansteuerung. Firmware ist also hardwaremäßig installierte Software.

Floppy-Disk-Speicher

Dies ist ein magnetischer Speicher, der aus einem Laufwerk (floppy disk drive) und einer Steuerung (floppy disk controller) besteht. Zum Lesen oder Schreiben wird in das Laufwerk als Speichermedium eine magnetisch beschichtete Speicherplatte, die Diskette (s. dort), samt Schutzhülle eingebracht. Eine Steuerung bedient in der Regel mehrere Laufwerke. Floppy-Disk-Speicher gibt es auch entsprechend den Diskettengrößen in verschiedenen Ausführungsformen. Die unkomplizierte Handhabung sowie ein schneller Daten- und Programmaustausch machen dieses Speichermedium auch für Mikrocomputersysteme attraktiv.

FORTH

Mit FORTH wird eine höhere Programmiersprache bezeichnet, die etwas schwieriger als BASIC zu erlernen ist, dafür aber entschieden umfangreichere Möglichkeiten bietet. Bei der Programmierung in FORTH werden, von einem Grundstamm von Anweisungen (Worten) ausgehend, neue Anweisungen (Worte) nach einem einfachen Baukastenprinzip zusammengesetzt.
Durch die „Maschinennähe" der Sprache wird eine rasche Programmabarbeitung auch mit Interpreter erreicht. In den letzten Jahren ge-

137

langt diese Sprache in immer größerem Maße in Form von Interpretern und Compilern auf Mikrocomputersystemen zum Einsatz.

FORTRAN

FORTRAN, ein Kürzel von „*FOR*mula *TRAN*slation", ist der Name einer weit verbreiteten höheren Programmiersprache, die in den fünfziger Jahren von IBM entwickelt wurde. Sie wurde insbesondere für wissenschaftlich-technische Aufgaben geschaffen. Diese dienstälteste problemorientierte Programmiersprache ist mehrfach bis zum heute gebräuchlichen FORTRAN 77 weiterentwickelt worden.

Grafik

Die grafischen Fähigkeiten eines Computers sind ein entscheidendes Kriterium für den Kauf und die Einsatzmöglichkeiten. Spiel- und Lernprogramme können durch Grafiken anschaulicher und unterhaltsamer gestaltet werden. Im kaufmännischen Bereich kann man durch Balkendiagramme u.ä. Entwicklungen, Trends und Prognosen gut verdeutlichen. Die grafische Darstellung von Prozessen und Vorgängen in Form von Funktionen stellen ein weiteres großes Einsatzgebiet dar. Insbesondere im wissenschaftlichen Bereich gewinnt die Computergrafik zunehmend an Bedeutung.
Computergrafik kann prinzipiell auf zwei verschiedenen Wegen realisiert werden. Die einfachere, aber speicherplatzsparende Methode bezeichnet man als *Quasi-* oder *Pseudografik*. Dabei steht dem Anwender eine bestimmte Anzahl festgelegter Grafikzeichen, meist in Buchstabengröße, zur Verfügung. Aus diesen Grafikgrundelementen können dann Bilder zusammengestellt werden. Diese Lösung wurde z.B. von den Dresdner Kleincomputerherstellern im KC 85/1 realisiert. Mit 128 verschiedenen Grafiksymbolen können Programme interessant gestaltet werden.
Die zweite Grafikmöglichkeit bezeichnet man als hochauflösende bzw. *Voll-* oder *Pixel-Grafik*. Dabei wird der Bildschirm in wesentlich mehr Punkte, als Zeichen auf einen Bildschirm passen, aufgelöst. So wird beim KC 85/2 z.B. jedes buchstabengroße Zeichenfeld in 8×8 Bildpunkte (Pixel) aufgelöst. Dabei läßt sich jeder Bildpunkt einzeln ansprechen. Die damit erzielte Bildauflösung (81920 Bildpunkte) gewährleistet einen für Kleincomputerverhältnisse sehr guten Grafikkomfort. So können z.B. Kurvenzüge rund und fast ohne

Stufen dargestellt werden. Zur Unterstützung der Grafikprogrammierung gibt es den Lichtstift (s. dort), das Grafik-Tablett (s. dort) und die Maus (s. dort) als Ergänzungseinheiten. Darüber hinaus werden auch Monitore mit berührungsempfindlichem Bildschirm angeboten. Diese kommen jedoch vorerst aus Kostengründen für Kleincomputersysteme nicht in Frage. Professionell wird die Computergrafik bereits mit einer Bildauflösung von einer Million Bildpunkten betrieben. Dazu sind jedoch riesige Speicher, sehr schnelle Computer und spezielle Bildschirme nötig. Diese professionelle Computertechnik wird international bereits sehr effektiv für Konstruktionsaufgaben im Flugzeug- und Automobilbau genutzt. Der Computer macht es z.B. möglich, eine einmal eingegebene Abbildung eines Körpers durch Vektorprogramme nach Belieben zu drehen und zu wenden. Dabei wird in allen Lagen für den Betrachter ein Äquivalent der realen Körperansicht auf dem Bildschirm erzeugt.

Grafik-Tablett

Das Grafik-Tablett ist eine Ergänzungseinheit, die zur grafischen Bildgestaltung dient. Dabei werden die Zeichnungen mit Hilfe eines unverkabelten Stiftes oder zum Teil auch einfach mit dem Finger auf das Tablett gezeichnet. Die auf das Tablett aufgebrachten Zeichnungen erscheinen analog auf dem Bildschirm. So ist es z.B. unkompliziert möglich, umfangreiche Zeichnungen zur Illustration von Programmen zu erstellen.

Hardware

Unter Hardware sind alle „mit den Fingern anfaßbar vorhandenen" Bestandteile des Computersystems zu verstehen. Dazu zählen z.B. die CPU, die Tastatur, das Gehäuse und die Peripherie (s. auch Software und Firmware).

Hexadezimalsystem

Als hexadezimales oder sedezimales Zahlensystem wird ein Positionssystem zur Basis 16 bezeichnet. Das bedeutet, daß sich das Zahlensystem aus 16 Ziffern (0,1,2,3,4,5,6,7,8,9,A,B,C,D,E,F) aufbaut und jeder Ziffer-Position innerhalb einer hexadezimalen Zahl eine bestimmte 16er-Potenz-Wertigkeit zugeordnet wird. Um hexadezimale Zahlen zu kennzeichnen, schreibt man hinter die Zahl ein H und spricht „Hex".

Beispiel

$$3B7H = 3 \cdot 16^2 + 11 \cdot 16^1 + 7 \cdot 16^0 = 951$$

In der Informationsverarbeitung erlangt dieses Zahlensystem eine besondere Bedeutung, da sich mit einer Tetrade (vierstellige Binärzahl) 16 verschiedene Bit-Kombinationen, die man als Zahlen interpretiert, darstellen lassen. Durch die interne Verarbeitung hexadezimaler Zahlen wird der Speicherplatz im Gegensatz zu BCD-Zahlen (s. dort) optimal genutzt (s. auch Abschnitt 2.).

Hierarchie

Stehen mehrere Operationen in einem Term, d.h. einer Aufgabe, so sind diese streng mathematisch nach einer bestimmten Vorrangregelung und nicht einfach von links nach rechts abzuarbeiten. Die bekannteste Vorrangregelung dieser Art ist wohl der Merksatz „Punktrechnung geht vor Strichrechnung". Das heißt, das Ergebnis der Aufgabe $3 + 2 \times 4$ ist nicht 20 sondern 11, da die Multiplikation vorrangig, also zuerst gegenüber der Addition ausgeführt wird. Gleichrangige Operationen werden von links nach rechts der Reihenfolge nach ausgeführt.

Diese Rangordnung der Operationen bezeichnet man als Hierarchie. Im Gegensatz zu den meisten Taschenrechnern ist den Kleincomputern diese Hierarchie vertraut. In BASIC sind die Operationen soweit vorhanden wie folgt hierarchisch geordnet:

1. Klammern
2. Potenzierung
3. Negative Vorzeichen
4. Multiplikation und Division
5. Addition und Subtraktion
6. Vergleichsoperatoren
7. Logisches NOT
8. Logisches AND
9. Logisches OR

IC

IC ist die Abkürzung von „Integrated Circuit", auf deutsch Integrierte Schaltung (IS). Es sind konkret kleine elektronische Bauelemente mit unterschiedlichsten Funktionen.

Diese integrierten Schaltungen bestehen aus kleinen Siliziumplättchen von etwa 5 Millimeter Kantenlänge, die zum Schutz und zur besseren Handhabung in ein wesentlich größeres Kunststoff-Keramik- oder Metallgehäuse eingebaut sind. An diesem Gehäuse befinden sich bis zu 64 Anschlüsse (Pins). Auf das Siliziumplättchen (Chip) sind durch mehrere fotochemische Prozesse eine Vielzahl kleinster Bauelemente, wie z.B. Transistoren, Dioden und Widerstände, aufgebracht. Es werden bereits Chips mit mehr als 60000 Transistoren in Serie gefertigt.

IEC-Bus

Der IEC-Bus ist eine 1975 eingeführte genormte Parallelschnittstelle zum Anschluß externer Meßgeräte an den Computer.

Interface

Ist eine unveränderte Datenweiterleitung auf Grund unterschiedlicher Pegel oder eines anderen Datenformats zwischen zwei Funktionsgruppen innerhalb eines Computersystems nicht möglich, so wird zwischen diesen eine Anpassungsschaltung gebaut. Diese Anpassungsschaltung wird als Interface oder Schnittstelle bezeichnet. So finden wir z.B. in jedem Kleincomputer ein Kassetten-Interface, das die computerinternen Signale in akustische und umgekehrt umwandelt. Zum Anschluß von Peripheriegeräten, wie z.B. Drucker, gibt es standardisierte Schnittstellen. Am weitesten verbreitet ist derzeit das V.24-Interface (s. auch Abschnitt 2.).

Interpreter

Ein Interpreter ist ein Übersetzungsprogramm, das die komplexen Anweisungen einer höheren Programmiersprache, wie z.B. BASIC, in die Maschinensprache, die der Mikroprozessor versteht, übersetzt, diese komplexen Anweisungen also als eine Folge einfacher Maschinenbefehle interpretiert. Im Gegensatz zum Compiler erfolgt hier jedoch die Übersetzung des Quellenprogramms (BASIC-Programm) und die sofortige Ausführung desselben, Anweisung für Anweisung. Dadurch muß der Interpreter während des Programmablaufs im Speicher verbleiben, wodurch ein größerer Speicherplatzbedarf entsteht.

Auf Grund der Übersetzungsvorgänge während des Programmablaufs sind Interpreter-Programme auch entschieden langsamer als Compiler-Programme.

Programmtests sowie -korrekturen lassen sich bei Interpretern jedoch entschieden unkomplizierter durchführen.

Zur Programmierung von Kleincomputern finden wir meistens BASIC-Interpreter. Diese besitzen einen Umfang zwischen 8 und 24 KByte. Sie sind entweder im ROM gespeichert oder werden als nachladbare Software in Form von Kassetten oder Disketten angeboten.

I/O-Port, I/O-Chip

Ein I/O-Port (Input/Output-Port, in deutsch Eingabe-/Ausgabe-Anschluß) ermöglicht dem Computer den Verkehr mit seiner Umwelt. Bei einem solchen Port handelt es sich um eine Parallelschnittstelle, über die der Computer Daten empfangen und senden kann. Dadurch können externe Geräte und Anlagen gesteuert werden. Bei manchen Kleincomputern, wie z.B. dem KC 85/1, stehen dem Anwender bereits in der Grundausstattung Kanäle eines I/O-Ports zum Anschluß von selbstgebauter Peripherie o.ä. frei zur Verfügung. Zu vielen Kleincomputersystemen werden Eingabe-/Ausgabe-Bausteine (I/O-Chip) meist in Form von Modulen als Ergänzungseinheit angeboten.

IRM

Der „Image Repetition Memory" oder Bildwiederholspeicher ist der Arbeitsspeicher-Bereich, in dem die Informationen zur Bilddarstellung abgelegt sind. Eine komfortable Pixel-Grafik, wie z.B. beim KC 85/2, erfordert auch einen entsprechend großen IRM, in dem jeder einzelne Bildpunkt gespeichert ist. Bei quasigrafischer Darstellung kommt man hingegen mit einem kleinen IRM aus, da jedes der festgelegten, buchstabengroßen Zeichen durch einen meist ein-Byte-großen Code abgespeichert wird.

Joystick s. Spielhebel

142

KByte

KByte ist die übliche Einheit zur Angabe der Speichergröße eines Computers. Es gilt 1 KByte = 1024 Byte. Diese Einheitsfestlegung ergibt sich aus der dualen Struktur eines Rechners.

Das große K ist als Maßzahl für 1024 (= 2^{10}) anzusehen, im Gegensatz zum kleinen k, das die Maßzahl für 1000 (= 10^3) ist.

kompatibel

Kompatibel kann man mit dem deutschen Adjektiv „verträglich" übersetzen. Zwei Hardware-Einheiten sind zueinander kompatibel, wenn sie direkt und ohne eine Zwischenschaltung miteinander gekoppelt oder gegeneinander ausgetauscht werden können. Zwei Computer sind software-kompatibel, wenn die Programme des einen Computers ohne Änderung auch auf dem anderen laufen und dabei zu gleichen Ergebnissen führen. Sind zwei Systeme nach geringen Veränderungen bzw. Anpassungen zueinander kompatibel, so sagt man, daß sie bedingt kompatibel sind.

LCD

LCD ist die Abkürzung von „Liquid Crystal Display", übersetzt Flüssigkeitskristall-Anzeige. Flüssigkeitskristalle sind organische Verbindungen, die verschiedene Zustände annehmen können. Durch Anlegen einer elektrischen Spannung können die Doppelbrechungseigenschaften dieses Materials so verändert werden, daß es auf der Anzeige zur Lichtabsorption kommt. Dabei erscheinen die Segmente der Ziffern auf der Anzeige dunkel gegen den lichtreflektierenden Hintergrund. Diese Anzeigen haben eine sehr geringe Leistungsaufnahme. Sie können jedoch nur bei ausreichend auf die Anzeige auffallendem Licht abgelesen werden. LCDs werden insbesondere in Armbanduhren und Taschenrechnern eingesetzt.

LED

„Light Emitting Diode', heißt übersetzt Leuchtdiode. Die Anzeigen der ersten elektronischen Taschenrechner bestanden meist aus Leuchtdioden. Diese sind aber inzwischen auf Grund ihres höheren Stromverbrauchs von der LCD (s. dort) verdrängt worden. LEDs finden wir heute meist an elektronischen Geräten als Kontrollanzeige in verschiedenen Farben.

Lichtstift

Mit Hilfe eines Lichtstifts kann man direkt auf den Bildschirm schreiben. Der Stift, der auf dem Bildschirm geführt wird, fungiert dabei eigentlich als Empfänger. Er registriert exakt den Zeitpunkt, in dem der bilderzeugende Leuchtpunkt seine Position passiert. Aus dieser Zeitangabe wird nun die genaue Position des Lichtstifts auf dem Bildschirm errechnet und dort ein entsprechender Grafikpunkt gesetzt.

LISP

Dies ist eine Programmiersprache, aus der sich die Sprachen LOGO und FORTH entwickelt haben. Der Name LISP (LISt Processing) weist auf ihre Fähigkeit hin, Daten vorteilhaft in Listenform zu verarbeiten. Derzeit ist diese Sprache auf Mikrocomputern kaum anzutreffen.

LOGO

LOGO ist eine sehr leicht zu erlernende Computerhochsprache. Deshalb ist sie insbesondere für jüngere Kinder geeignet. Die im Sprachumgang enthaltene, leicht zu handhabende Igelgrafik ermöglicht es dem Anfänger bereits nach wenigen Minuten, erste Zeichnungen zu entwerfen. Der Name Igelgrafik ist auf das Grafik-Zeichensymbol, den Igel, zurückzuführen.

Maschinenprogramm

Als Maschinenprogramm wird ein in Maschinensprache (s. dort) geschriebenes Programm bezeichnet.

Maschinensprache

Maschinensprache ist die einzige Informationsform, die der Computer direkt entschlüsseln und ausführen kann. Sie besteht aus Befehls-Bit-

144

mustern, die wir zu hexadezimalen Befehlen zusammenfassen, um eine bessere Übersicht zu erreichen. Programme in anderen Programmiersprachen müssen durch entsprechende Hilfsprogramme, wie Interpreter oder Compiler, zur Verarbeitung immer in die Maschinensprache übersetzt werden.

Maus

Die Maus ist eine recht junge, erst 1983 international populär gewordene Ergänzung zum Kleincomputersystem. Hinter diesem vertrauten Begriff verbirgt sich ein kleines handliches Kästchen mit mehreren Schaltern auf der Oberseite und einer Rollkugel auf der Unterseite. Wird die Maus nun auf einer glatten Oberfläche hin- und herbewegt, so wird diese Bewegung auf dem Bildschirm durch einen Cursor nachvollzogen. Auf diese Weise können Kommandos, Worte, Zeichen usw. leicht auf dem Bildschirm ausgewählt und durch Betätigung eines Schalters bestimmte Aktionen ausgelöst werden. Dabei ersetzt die Maus selbstverständlich keine Tastatur, sondern stellt als Eingabehilfe eine sinnvolle Ergänzung dar.

Mikrocomputer

Ein Mikrocomputer oder Mikrorechner besteht aus einem Mikroprozessor, auch CPU genannt, als integrierte zentrale Verarbeitungseinheit, einem ROM mit dem Betriebssystem (oder Ladeprogramm für ein Betriebssystem) sowie einem Schreib-Lese-Speicher. Sind diese Einheiten mit den E/A-Bausteinen zusammen auf einem Chip untergebracht, so spricht man von einem Einchip-Mikrocomputer. Eine Tastatur und ein Display-Anschluß vervollständigen die Minimalkonfiguration eines solchen Mikrocomputers (s. auch Abschnitt 2.).

Mikroprozessor

Der Mikroprozessor ist das „Herzstück" des Mikrocomputers. Er holt sich die Programmbefehle und Daten aus dem Speicher, verarbeitet sie und speichert die Ergebnisse wieder ab oder gibt sie aus. Der Mikroprozessor wird auch als CPU (s. dort) bezeichnet.

Mikrorechner s. Mikrocomputer

Minicomputer

Der Minicomputer entspricht in Funktion und Struktur dem Mikrocomputer. Er ist jedoch auf Grund bestimmter Parameter, wie z. B. einer größeren Speicherkapazität oder eines umfangreicheren Befehlsvorrats, entschieden leistungsfähiger.

Mnemonischer Befehl

Da die binären bzw. hexadezimalen Befehle der Maschinensprache für uns recht unhandlich und unübersichtlich zu programmieren sind, haben kluge Leute leicht zu merkende Abkürzungen für die hexadezimalen Maschinenbefehle ersonnen. Diese Abkürzungen werden Mnemonics oder mnemonische Befehle genannt. Das mnemonische Äquivalent zum Maschinenbefehl 7AH (d. h.: Lade den Akku mit dem Inhalt des Registers D) heißt z. B. LD A,D. Das Programm, das die eingegebenen mnemonischen Befehle zur Verarbeitung in Maschinenbefehle übersetzt, heißt Assembler (s. dort). Das Programm, das umgekehrt die Maschinenbefehle in Mnemonics verwandelt, nennt man Disassembler (s. dort)

Modem

Ein Modem ist eine Einrichtung zur Übertragung von Daten oder Programmen über eine Telefon- oder Funkverbindung. Der Name Modem ergibt sich dabei als Kurzform aus den Worten Modulator/Demodulator. Ein Modem wird zu manchen Mikrocomputersystemen als Ergänzungseinheit angeboten.

Modul

Dieses Wort wird in der Elektronik im weitesten Sinn als Synonym für Baustein benutzt. Bei Kleincomputern werden in erster Linie die kleinen kompakten ansteckbaren Ergänzungseinheiten, wie z. B. die RAM-Erweiterungen, als Modul bezeichnet.

Monitor

Mit Monitor werden in der Computertechnik zwei verschiedene Dinge bezeichnet. Einmal handelt es sich dabei um eine Anzeigeeinheit, einen Bildschirm für ein Computersystem. Die zweite Bedeutung des Begriffs wird insbesondere durch die Formulierung Monitorprogramm unterstrichen. Dabei wird mit Monitor ein Dienstprogramm bezeichnet, das unter anderem direkte Registerzugriffe und eine direkte Arbeit mit den Speicherzellen ermöglicht.

Nur-Lese-Speicher s. ROM

Oktalsystem

Darunter ist ein Zahlensystem zur Basis 8 zu verstehen. Auch hierbei handelt es sich um ein Positions- oder Stellenwertsystem (s. auch Hexadezimalsystem).

Page-Modus

Als Page-Modus wird eine Betriebsart von Datensichtgeräten bezeichnet. Ist der Bildschirm vollgeschrieben und der Cursor befindet sich am Ende der letzten Zeile, so springt der Cursor zur Fortsetzung des Schreibvorgangs in die linke obere Ecke des Bildschirms. Von dort aus wird das Bild dann weiter von oben nach unten überschrieben. Bei manchen Computern wird beim Cursor-Rücksprung in die oberste Zeile die gesamte „Bildschirmseite" gelöscht.
Die alternative Betriebsart zum Page-Modus ist der Scrolling-Modus (s. dort). Bei einigen Kleincomputern, wie z.B. auch beim KC 85/2, stehen beide Anzeige-Modi wahlweise zur Verfügung.

Parallelschnittstelle

Darunter versteht man eine Schnittstelle (s. dort) mit mehreren parallelen Leitungen.

PASCAL

Mit dem Namen dieses bedeutenden Mathematikers wird eine höhere Programmiersprache, die Anfang der 70er Jahre in Zürich von Prof. N. WIRTH definiert wurde, bezeichnet. PASCAL basiert teilweise auf der wissenschaftlich-technischen Sprache ALGOL 60. Sie zählt neben BASIC zu den am weitestverbreiteten Programmiersprachen für Mikrocomputer. Die Sprache erfordert einen wesentlich größeren Speicherplatz und ist schwieriger als BASIC zu erlernen.

PASCAL-Programme werden in einer Blockstruktur geschrieben. Durch diese Möglichkeit der strukturierten Programmierung können die Programme sehr übersichtlich gestaltet werden.

PASCAL kann sowohl durch einen Interpreter als auch durch einen Compiler verarbeitet werden.

PERI-Buchse

Der RGB-Eingang des Fernsehgerätes wird im englischen Sprachraum als PERI-Eingang bezeichnet (s. RGB-Steuerung).

Peripherie

Zur Peripherie zählen die anschließbaren Ergänzungseinheiten wie z. B. Spielhebel, Drucker oder Floppy-Disk-Speicher sowie die dafür notwendigen E/A-Bausteine. Man spricht dabei auch von Peripheriegeräten und Peripheriebausteinen.

Personalcomputer

Der Begriff wurde durch die Entwicklung der kleinen, direkt am Arbeitsplatz zu installierenden Einzelplatzsysteme geprägt. Deshalb zählen prinzipiell alle Computer der Größenordnung Kleincomputer bis Arbeitsplatzcomputer zu dieser Kategorie. In letzter Zeit werden jedoch vornehmlich kommerziell genutzte Computersysteme mit umfangreicher Peripherie (Drucker, Floppy Disk) als Personalcomputer bezeichnet.

PILOT

Mit PILOT (*Programmed Inquiry Learning or Teaching*) wird eine leicht erlernbare Programmiersprache bezeichnet. Diese Sprache sichert dem Einsteiger schnelle Erfolge bei der Programmierung. Auf Grund ihres geringeren Leistungsvermögens erlangte die Sprache jedoch bei weitem nicht die Bedeutung des vergleichbaren BASIC.

Pin

Ein Pin ist ein Anschlußstift, z. B. ein „Beinchen" eines Schaltkreises.

PIO

Als PIO, eine Abkürzung von „parallel input-output", wird ein parallel arbeitender Ein-/Ausgabeschaltkreis bezeichnet.

Pixel

Darunter versteht man einen Bildpunkt des Computerdisplays (s. auch Grafik).

Pixel-Grafik s. Grafik

PL/1

Die „Programming Language 1" wurde als eine problemorientierte Programmiersprache in den Jahren 1963 bis 1967 von IBM entwickelt. Sie war damit die erste Sprache, die die Bearbeitung von wissenschaftlich-technischen und zugleich betriebswirtschaftlichen Aufgabenstellungen auf komfortable Weise ermöglichte.
Als Untermenge der Sprache PL/1 wird bei Mikrocomputern die Sprache PL/M verwendet.

Plotter

Ein Plotter ist ein spezielles Ausgabegerät für Grafiken, die mit einem Computer erstellt wurden. Die Aufzeichnung erfolgt dabei durch einen Stift, der durch Schrittmotoren über ein Papier gesteuert wird. Bei mehrfarbigen Plottern werden nicht nur ein, sondern mehrere Farbstifte angesteuert.

PROM

Der „Programmable ROM" (programmierbare ROM) kann im Gegensatz zum ROM vom Anwender programmiert werden. Es ist dabei zu beachten, daß nur ein gewissenhaft durchgeprüftes und fehlerfreies Programm abgespeichert wird, da nach einmaliger Programmierung keine Veränderungen des Festwertspeicherbausteins mehr möglich sind.

Sind jedoch Programm- oder Datenänderungen zu erwarten, so verwendet man besser EPROMs (s. dort), die sich mehrmals programmieren lassen.

Pseudografik s. Grafik

Quasigrafik s. Grafik

RAM

Der „Random Access Memory", auch Schreib-Lese-Speicher oder Arbeitsspeicher genannt, ist der Speicher, in den die vom Anwender eingegebenen Programme und Daten abgelegt werden.

Durch das Ausschalten des Computers „vergißt" dieser Speicherbereich seine Information. Deshalb müssen Programme, die wiederholt genutzt werden sollen, auf einem externen Speicher, wie z.B. einem Kassettenrecorder, gespeichert werden.

Kleincomputer sind mit einem frei verfügbaren RAM-Bereich (gesamter RAM abzüglich des Bildwiederholspeichers und des vom Betriebssystem belegten Bereiches) in der Grundausstattung zwischen 1 KByte und 48 KByte international erhältlich. Dabei stellen etwa 4 KByte eine real vertretbare untere Grenze dar, wogegen 32 KByte frei verfügbarer RAM-Bereich für den Lernenden wohl kaum noch Wünsche offen läßt. Fast alle Kleincomputersysteme sind bis zu einem Gesamtspeicherbereich (RAM bzw. RAM und ROM) von 64 KByte erweiterbar. Dieser Speicherbereich läßt sich mit den meist in Kleincomputern eingesetzten 8-Bit-Prozessoren direkt adressieren (von 0H bis FFFFH). Durch spezielle Steuerungen ist es jedoch auch möglich, einen größeren Speicherbereich direkt zu nutzen.

RGB-Steuerung

Darunter versteht man eine Bildschirmansteuerung, bei der die Rot-, Grün- und Blau-Signale getrennt übertragen werden. Bei Einspeisung dieser Informationen in den RGB-Eingang des Fernsehers gelangen die Signale durch Umgehung des HF-Demodulators und des Farbdecoders direkt an die Bildröhre. Entsprechend werden zum RGB-Ausgang des Computers (falls dieser einen solchen besitzt) die inversen Baugruppen (der Farbcoder und der HF-Modulator) im Computer umgangen (s. Bild 8.0.1). Der RGB-Anschluß des Fernsehers an den Kleincomputer gewährleistet eine optimale Bildqualität. Er setzt jedoch voraus, daß das Fernsehgerät mit einem RGB-Eingang aus- oder nachgerüstet ist. Deshalb gehen international immer mehr Fernsehgeräte-Hersteller dazu über, ihre Geräte auch mit einem solchen Eingang auszustatten. Da zur Zeit die meisten Fernseher jedoch keinen RGB-Eingang besitzen und auch nur einige neue Modell-Typen RGB-nachrüstbar sind, werden Kleincomputer in erster Linie mit einem Antennenausgang für das Video-Signal versehen.

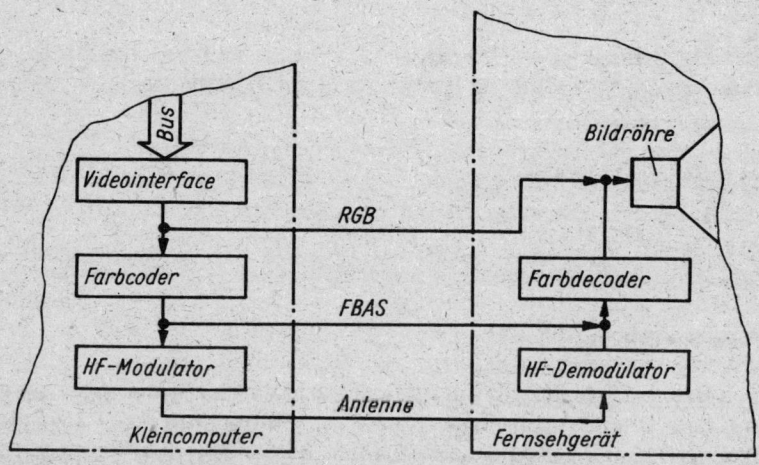

Bild 8.0.1. Teil-Blockschaltbild zur Veranschaulichung der drei verschiedenen Möglichkeiten der Bildschirmsignal-Übertragung

ROM

Der „Read-Only-Memory", auf deutsch „Nur-Lese-Speicher", wird auch als Festwertspeicher bezeichnet. Wie der Name bereits sagt,

151

kann dieser Speicher vom Anwender nur gelesen und nicht beschrieben werden. Im ROM kann das Betriebssystem (s. dort), das die Grundfunktionen eines Computers realisiert, gespeichert sein. Manche Kleincomputer verfügen über einen im ROM gespeicherten BASIC-Interpreter. Dieser ist nach dem Einschalten des Computers sofort betriebsbereit. Software wird auch oft in Form von Programm-Modulen angeboten. Diese Module enthalten Festwertspeicherbausteine (ROM, PROM, EPROM), in denen die Programme gespeichert sind.

RS 232-Schnittstelle

Dies ist eine weit verbreitete standardisierte Schnittstelle, die ähnlich dem V.24-Interface (s. dort) ist. Für höhere Übertragungsgeschwindigkeiten und größere Leitungslängen stehen noch der RS 422- und der RS 423-Standard zur Auswahl.

SCART-Buchse

Der RGB-Eingang am Fernsehgerät wird im französischen Sprachraum als SCART-Eingang bezeichnet (s. RGB-Steuerung).

Schnittstelle s. Interface

Schreib-Lese-Speicher s. RAM

Scrolling-Modus

Der Scrolling-Modus ist eine zum Page-Modus (s. dort) alternative Betriebsart von Datensichtgeräten. Ist der Bildschirm bis einschließlich der untersten Zeile vollgeschrieben, so wird beim Scrolling-Modus zur Fortsetzung des Schreibvorgangs der gesamte Bildschirminhalt um eine Zeile nach oben verschoben. Dabei „verschwindet" die oberste Zeile und am unteren Bildschirmrand entsteht eine neue freie Zeile.

Sedezimalsystem s. Hexadezimalsystem

Sensor

Ein Sensor ist ein Meßfühler. In der Elektronik wird ein Baustein, der nichtelektrische Größen in elektrische Signale umwandelt, als Sensor bezeichnet. Diese Signale können dann einem elektronischen System, z.B. einem Kleincomputer, zur Auswertung bereitgestellt werden.

Serielle Datenübertragung

Sollen Programme oder Daten über eine Zweidrahtleitung übertragen werden, so müssen diese vorher in ein serielles Datenformat transformiert werden. Im Gegensatz zur im Kleincomputer üblichen Datenübertragung, bei der gleichzeitig meist 8 Bit auf dem Datenbus (der aus 8 parallelen Leitungen besteht) übertragen werden, können auf einer Zweidrahtleitung die Daten nur seriell, d.h. ein Bit nach dem anderen, übertragen werden.
Eine serielle Datenübertragung finden wir z.B. beim KC 85/2 zwischen der Tastatur und dem Grundgerät.

Software

Eine ganz simple Erklärung dieses Begriffs ist folgende: Alles, was in einem Computersystem nicht zur Hardware (s. dort) zählt, ist Software.
Das sind vor allem erst einmal Programme und Daten, denn die kann man ja nicht anfassen. Sofort fällt den spitzfindigen Geistern bei dieser Festlegung ein Grenzfall, nämlich die im ROM fest gespeicherten Programme ein. Dabei handelt es sich, wie der Name schon sagt, um Programme (also Software?). Andererseits sind diese in Form von ROMs jedoch physisch greifbar (also Hardware?). Um keinen Streit aufkommen zu lassen, haben sich Vertreter beider eben dargelegter Meinungen darauf geeinigt, diesen Grenzfall mit dem Begriff „Firmware" (s. dort) zu bezeichnen. Neben den Programmen und Daten wird oft auch die Dokumentation zum Computersystem als Software bezeichnet.
Im internationalen Computergeschäft stellt sich die Software zunehmend als ökonomischer Hauptfaktor eines Computersystems dar. Namhafte Computerhersteller investieren für die Software-Entwicklung seit Jahren bereits ein Vielfaches des Hardware-Entwicklungsaufwands.

Durch selbsterstellte Programme können die Softwarekosten eines Kleincomputersystems sehr niedrig gehalten werden. Um trotzdem eine umfangreiche Programmbibliothek nutzen zu können, empfiehlt sich die Mitarbeit in einem Computerclub.

Spielhebel

Spielhebel, auch Joysticks genannt, werden als Ergänzungseinheiten zu Klein- bzw. Homecomputer-Systemen angeboten. Mit ihnen lassen sich Reaktionsspiele wie Mondlandung, Autocross u.ä. praxisnäher als durch Tastatureingaben simulieren.

String

Ein String ist eine Zeichenkette aus Buchstaben, Ziffern und sonstigen ASCII-Zeichen (s. dort). In BASIC können Strings durch String-variablen definiert werden. Der Name einer Stringvariablen setzt sich zusammen aus einem Variablennamen, wie er auch für numerische Variablen verwendet wird, und einem Dollarzeichen (hier als String-zeichen bezeichnet). Das abschließende Stringzeichen an Stringvaria-blen dient zur Unterscheidung von String- und numerischen Variablen. Auf BASIC-programmierbaren Kleincomputern sind Strings derzeit auf eine Länge von maximal 255 Zeichen begrenzt.
Zur Stringverarbeitung gibt es zahlreiche Stringfunktionen. Darüber hinaus können Strings durch Vergleichsoperatoren, wie z.B. ,,kleiner als" oder ,,größer als", miteinander verglichen und so alphabetisch geordnet werden. Mit dem Operationszeichen ,,+" lassen sich Strings zusammenfügen (s. auch Abschnitt 4.).

Tetrade

Als Tetrade bezeichnet man eine vierstellige Binärzahl. Mit vier Bits lassen sich 16 verschiedene Bitkombinationen, also Tetraden, bilden. Mit diesen Tetraden kann man 16 verschiedene Zahlen verschlüsseln. Das hexadezimale Zahlensystem nutzt die Zahlen als Ziffern. So er-halten wir eine anschauliche Darstellung des binären Speicherauf-baus. Je zwei Tetraden, also ein Byte, sind die kleinste adressierbare Speichereinheit in einem Mikrocomputersystem (s. auch Hexadezi-malsystem).

Unterprogramm

Wird eine bestimmte Folge von Anweisungen in einem Programm
mehrmals benötigt, so wäre es Speicherplatzverschwendung, diese
mehrmals in voller Länge zu programmieren. Statt dessen schreibt
man diese Folge von Anweisungen besser als ein „kleines Programm
für sich", welches man von beliebigen Stellen des „eigentlichen Programms" aufrufen und abarbeiten kann, um danach das „eigentliche
Programm" an der Aufrufstelle fortzusetzen. Dieses „kleine Programm
für sich" nennt man Unterprogramm im Gegensatz zum „eigentlichen Programm", welches folgerichtig als Hauptprogramm bezeichnet wird. Ein Unterprogramm wird stets mit einer Rücksprunganwei-
sung (in BASIC: RETURN) abgeschlossen. Viele Computersysteme
besitzen Standardunterprogramme, die man durch Aufruf nutzen
kann.

Soll nun innerhalb des Hauptprogramms die als Unterprogramm
programmierte Folge von Anweisungen abgearbeitet werden, so wird
das Unterprogramm in BASIC z. B. mit der Anweisung GOSUB aufgerufen. Beginnt das Unterprogramm z. B. auf der Programmzeile
1000, so lautet der Unterprogrammaufruf im Hauptprogramm
GOSUB 1000. Nach Abarbeitung des Unterprogramms wird durch
die letzte Unterprogrammanweisung RETURN die Abarbeitung des
Hauptprogramms in der dem Unterprogrammaufruf folgenden Programmzeile fortgesetzt. Ein solcher Unterprogrammaufruf kann
innerhalb eines Programms beliebig oft erfolgen. Innerhalb eines
Unterprogramms können auch weitere Unterprogramme aufgerufen
werden.

Unterprogramme sind auch günstig für die sogenannte struktu-
rierte Programmierung. Dabei ist man bemüht, die Aufgabenstel-
lung in kleine, übersichtliche Teilprobleme zu gliedern und diese dann
als Unterprogramme zu schreiben. Dadurch wird ein kurzes und
übersichtliches Hauptprogramm geschaffen, das im wesentlichen nur
aus Unterprogrammaufrufen besteht.

Diese Programm-Konzeption bedarf eines etwas größeren Speicherplatzes, bietet dafür jedoch entschieden mehr Übersichtlichkeit.

V.24-Interface

Dies ist eine weit verbreitete Schnittstelle zum Anschluß von Peripheriegeräten, wie z. B. einem Drucker. Sie ist äquivalent zur RS 232-
Schnittstelle (s. dort). Beide Kleincomputerhersteller in der DDR
bieten eine V.24-Schnittstelle als Ergänzungseinheit zu ihrem System
an.

Variablenfeld

Als Variablenfeld oder einfach Feld wird in der Computersprache eine Gruppe zusammengehöriger Variablen bezeichnet. Die Namen der zusammengehörigen Variablen unterscheiden sich nur durch die Indizes. Ein solches Variablenfeld wäre z.B. die Gruppe algebraischer Koeffizienten a_0, a_1, a_2, a_3. Da es in BASIC keine tiefgestellten Ziffern und meistens auch keine Kleinbuchstaben gibt, schreibt man diese Feldvariablen dann in der Form A(0), A(1), A(2), A(3). Dieses Variablenfeld A(I), wobei I von 0 bis 3 läuft, ist eindimensional, da es nur einen Index enthält. Man kann jedoch auch 2dimensionale oder n-dimensionale Felder vereinbaren. Diese besitzen dann zwei bzw. n Indizes.

Bei einem zweidimensionalen *Variablenfeld* wird der Name Feld verständlicher. Unser oben angeführtes eindimensionales Variablenfeld könnte z.B. auch eine Reihe von vier Pflanzen repräsentieren. Nehmen wir jetzt noch einen zweiten Index für die Anzahl der Reihen dazu, so daß das Feld aus mehreren Pflanzenreihen besteht, so ergibt sich auch anschaulich ein Feld (wenn auch ein sehr kleines), wie wir es aus der Landwirtschaft kennen. Um einen anschaulichen Eindruck von einem dreidimensionalen Variablenfeld zu erhalten, stellen wir uns die Äpfel einer kleinen Obsthorde durch ein Variablenfeld repräsentiert vor. Dabei wird jeder Apfel durch eine Feldvariable repräsentiert. Die Obsthorde ist länglich, so daß wir darin drei Reihen Äpfel zu je fünf Stück unterbringen können. In BASIC könnten die Äpfel der Obsthorde als zweidimensionales Variablenfeld in der Form A(2,4) mit insgesamt 15 Elementen, von A(0,0) (Reihe Nr. 0, Apfel Nr. 0) bis A(2,4) (Reihe Nr. 2, Apfel Nr. 4) beschrieben werden. Das folgende Bild veranschaulicht diesen Sachverhalt.

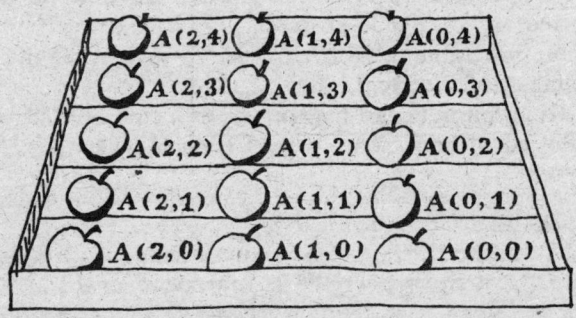

Bild 8.0.2. Veranschaulichung des Variablenfeldes A(2,4) am Beispiel der Äpfel einer Obsthorde

Dieses Variablenfeld, d.h. alle Feldvariablen, werden in BASIC mit der Anweisung

DIM A(2,4)

definiert.

Die durch die Anweisung reservierten Speicherplätze der 15 Variablen werden automatisch auf Null gesetzt. Mit jeder einzelnen Feldvariable kann nun wie mit jeder anderen Variablen operiert werden.

Ein dreidimensionales Variablenfeld erhält man, wenn man alle Äpfel eines Obsthorden-Regals betrachtet. Dabei geht in das Variablenfeld die Anzahl der Obsthorden als dritter Index ein. Durch das Variablenfeld A(3,2,4) könnten also die Äpfel eines Obsthordenregals mit vier Obsthorden, die je drei Apfelreihen zu je fünf Äpfeln enthalten, beschrieben werden. Folgendes Bild veranschaulicht das Variablenfeld mit 60 Feldvariablen vom Element A(0,0,0) bis A(3,2,4) durch das beschriebene „Apfelbeispiel".

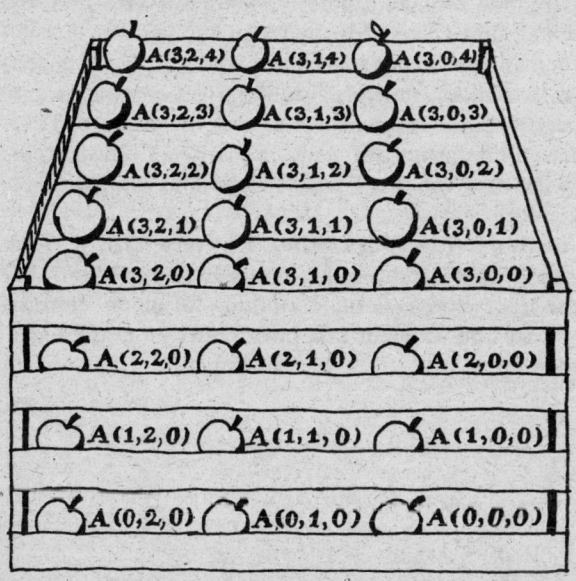

Bild 8.0.3. Dreidimensionales Variablenfeld A(3,2,4) am Beispiel der Äpfel eines Obsthordenregals veranschaulicht.

VHF

VHF ist die Abkürzung von „Very High Frequency", also „sehr hohe Frequenzen", und dient zur Bezeichnung eines Frequenzbereichs

157

elektromagnetischer Wellen zwischen einer Wellenlänge von 1 und 10 Metern. Auf diesem Frequenzbereich werden die ersten Fernseh- programme wie auch meist die Bild-Signale über den Kleincomputer- Antennenausgang „gesendet".

Videoausgang

Als Videoausgang wird der Ausgabeanschluß für FBAS-Signale be- zeichnet (s. FBAS).

Videotext

Videotext, auch Bildschirmzeitung genannt, ist eine Informations- möglichkeit, die bereits in einigen Ländern angeboten wird und mit Hilfe eines Fernsehers und eines Videotextdecoders genutzt werden kann. Dabei werden in der Vertikal-Austastlücke von Fernsehsen- dungen, d. h., wenn der bilderzeugende Strahl dunkel ausgetastet auf die oberste Fernsehbildzeile zurückspringt, ASCII-codierte Text- seiten untergebracht und farbig auf dem Fernsehgerät dargestellt. Die Information wird also wie das Fernsehprogramm über die An- tenne empfangen.
Der Videotext ist nicht mit dem Bildschirmtext zu verwechseln. Beim Bildschirmtext handelt es sich um ein Kommunikationsmedium, bei dem der Anwender über eine Telefonverbindung an einen Zentral- computer gekoppelt ist und so nicht nur Informationen empfangen, sondern auch senden kann.

Vollgrafik s. Grafik

Wort

Als Wort wird in der Computerfachsprache eine Folge von so vielen Bits, wie der Prozessor, also die CPU auf einmal verarbeiten kann, bezeichnet. Bei den in Kleincomputern eingesetzten Mikroprozesso- ren handelt es sich meistens wie beim U 880 um 8-Bit-Prozessoren, deren Wortbreite, wie der Name bereits sagt, 8 Bit beträgt.

Anhang 1

Anweisungen und Funktionen des KC 85/3-BASIC

Hinweis: Die Sprachelemente sind mit Parametern und möglichen
Erweiterungen syntaktisch vollständig aufgeführt.

[ ] ... möglicher Parameter oder mögliche Ergänzung
( ) ... syntaktisch notwendige Klammern
*) ... Anweisung ist nicht im KC 85/2-BASIC enthalten

Anweisungen	Bemerkungen
AUTO [Z] [,S]	Selbständige Zeilennumerierung
BEEP [N]	Erzeugung eines Tones
BLOAD	Einlesen eines Maschinenprogramms
BYE	Rückkehr zum Betriebssystem
CALL Startadresse	Aufruf eines Maschinenprogramms (dez.)
CALL * Startadresse	Aufruf eines Maschinenprogramms (hex.)
*)CIRCLE XM, YM, R [,F]	Zeichnen eines Kreises
COLOR V, H	Einstellen der Vorder- und Hintergrundfarbe
CLEAR [S] [,E]	Löschen/Speicherbegrenzung
CLOAD "NAME"	Einlesen eines BASIC-Programms
CLOAD * "NAME"; FELD-NAME	Einlegen eines Variablenfeldes
*)CLOSE r # n	Schließen eines Kanals
CLS	Bildschirm löschen
CONT	Programmfortsetzung
CSAVE "NAME"	Abspeichern eines BASIC-Programms
CSAVE * "NAME"; FELD-NAME	Abspeichern eines Variablenfeldes
DATA K1 [,K2] [,K3] ...	Konstantenliste
DEEK (I)	Lesen zweier Speicherplätze (I und I+1)
DEF FNY (P) = Ausdruck	Definition einer Funktion
DELETE A,E	Löschen der Programmzeilen A bis E
DIM FELDNAME (Index[,Index..])	Festlegung eines Variablenfeldes
DOKE I, J	Der Wert J wird in die Speicherzellen I und I + 1 geschrieben

Anweisungen	Bemerkungen
EDIT Zeilennummer	Programmkorrektur
IF...THEN...: ELSE...	ELSE ist Alternativanweisung zur IF-Anweisung
END	Programmschluß
FOR Variable = A TO E [STEP S]	Festlegen einer Programmschleife
GOSUB Zeilennummer	Unterprogrammaufruf
GOTO Zeilennummer	Unbedingte Sprunganweisung
IF Ausdruck GOTO Zeilennr.	Bedingte Sprung- oder Hand-
IF Ausdruck THEN Zeilennr.	lungsanweisung
IF Ausdruck THEN Anweisung	
INK V	Einstellen der Vordergrundfarbe
INP I	Liefert das aus dem Port I gelesene Byte
INPUT ["String";] Variable	Warten auf Eingabe
INPUT # n Daten	Dateneingabe vom Peripheriegerät
*)JOYST	Spielhebelabfrage
*)KEY N	Belegen der Funktionstasten
*)KEYLIST	Auflisten der Funktionstasten- belegung
LET Variable = Ausdruck	Wertzuweisung
*)LINE XA, YA, XE, YE [,F]	Zeichnen einer Linie
LINES [Anzahl]	Anzahl der aufzulistenden Zeilen
LIST [Zeilennummer]	Programmauflistung
LIST # n "Programmname"	Programmausgabe auf Peripherie- gerät
LOAD # n "Programmname"	Einlesen eines Programms vom Peripheriegerät
LOCATE Z, S	Plazieren des Cursors
NEW	Löschen des Programm- und Variablenspeichers
NEXT [Variable[, Variable...]]	Abschluß einer oder mehrerer FOR-Programmschleifen
NULL Zahl	Anzahl der auszugebenden Dummy- zeichen am Ende einer Zeile
ON X GOTO Liste von Zeilennummern	mehrfache Programmverzweigung
ON X GOSUB Liste von Zeilennummern	mehrfache Programmverzweigung
*)OPEN r # n "NAME"	Eröffnen einer Kanaloperation
OUT I, J	Gibt das Byte J aus dem Port I aus
PAPER H	Einstellen der Hintergrundfarbe
PAUSE [N]	Pause in der Programmabarbeitung
PEEK I	Lesen der Speicherzelle I

Anweisungen	Bemerkungen
POKE I, J	Schreibt das Byte J in die Speicherzelle I
PRESET X, Y	Löschen eines Punktes auf dem Bildschirm
PRINT [PRINT-Liste]	In die PRINT-Anweisungen können
PRINT Farbanweisung; PRINT-Liste	die Farbanweisungen COLOR, INK
PRINT Formatierungsfunktion; PRINT-Liste	oder PAPER und die Funktionen AT, SPC oder TAB eingebunden
PRINT AT (Z,S); Farbanweisung; PRINT-Liste	werden.
PRINT # n Daten	Datenausgabe auf Peripheriegerät
PSET X, Y [,F]	Setzen eines Punktes auf den Bildschirm
*)RANDOMIZE	Initialisierung des Zufallsgenerators
READ Variable [,Variable...]	Lesen der DATA-Konstanten
REM Kommentar	Kommentarkennzeichnung
RENUMBER [AAZ] [,BAZ] [,ANZ] [,S]	Neunumerierung der Programmzeilen
RESTORE [Zeilennummer]	Setzen des DATA-Zeigers
RETURN	Ende eines Unterprogramms
RUN [Zeilennummer]	Programmstart
SOUND Z1, V1, Z2, V2 [,LS] [,TD]	Tonausgabe
STOP	Stoppen eines Programms
*)SWITCH M, K	Speicherverwaltung u.a.
TROFF	Ausschalten des Kontroll-Modus
TRON	Einschalten des Kontroll-Modus
VPEEK (I)	Lesen der Speicherzelle I + 32768 des IRM
VPOKE I, J	Schreibt das Byte J in die Speicherzelle I + 32768
WAIT I, J [,K]	Programmsteuerung
WIDTH [Zeichenzahl]	Länge einer Ausgabezeile
WINDOW [ZA, ZE, SA, SE]	Festlegen eines Fensters

Mathematische Funktionen	Bemerkung
ABS(X)	absoluter Betrag von X
ATN(X)	arctan X, Resultat im Bogenmaß
COS(X)	X im Bogenmaß
EXP(X)	e^x, $X <= 87.3365$
INT(X)	Ganzer Teil von X

Mathematische Funktionen	Bemerkung
LN(X)	natürlicher Logarithmus von X
SGN(X)	Signumfunktion
SIN(X)	X im Bogenmaß
SQR(X)	$\sqrt{X}$
TAN(X)	X im Bogenmaß

String-Funktionen	Bemerkung
*)INSTR (A$, B$)	Ermittelt die Position, ab welcher A$ in B$ enthalten ist
LEFT$ (A$, X)	Liefert die ersten X Zeichen von A$
LEN (X$)	Zeichenlänge des Strings X$
MID$ (A$, X, Y)	Y Zeichen von A$, beginnend mit dem X-ten
RIGHT$ (A$, X)	Liefert die letzten X Zeichen von A$
STRING$ (N, A$)	Vervielfacht Zeichenkettenausdrücke
STR$ (X)	Formt den Wert X in einen String um
VAL (A$)	Numerischer Wert von A$
*)VGET$	Liefert den Inhalt der Cursorposition

Sonstige Funktionen	Bemerkung
ASC (X$)	Liefert den ASCII-Code des ersten Zeichens von X$
AT	schreibt PRINT-Anweisung an bestimmte Stelle des Bildschirms
CHR$ (X)	Liefert das Zeichen des ASCII-Codes X
*)CSRLIN (N)	Liefert die Nummer der Zeile, in welcher der Cursor steht
FRE (Variable)	Gibt die Größe des noch freien RAM-Speicherplatzes an
INKEY$	Tastaturabfrage
POS (I)	Liefert die aktuelle Schreibposition in der Zeile
*)PTEST (X)	Testet, ob Bildpunkt gesetzt ist
RND (X)	Erzeugt Zufallszahlen zwischen 0 und 1
SPC (I)	Formatierungsfunktion
TAB (I)	Formatierungsfunktion
USR (X)	Aufruf einer Funktion, die als Maschinenprogramm geschrieben ist, mit Parametervorgabe

Gliederung des Bildschirms in Zeichenfeld- und Bildpunktpositionen beim KC 85/2 und KC 85/3

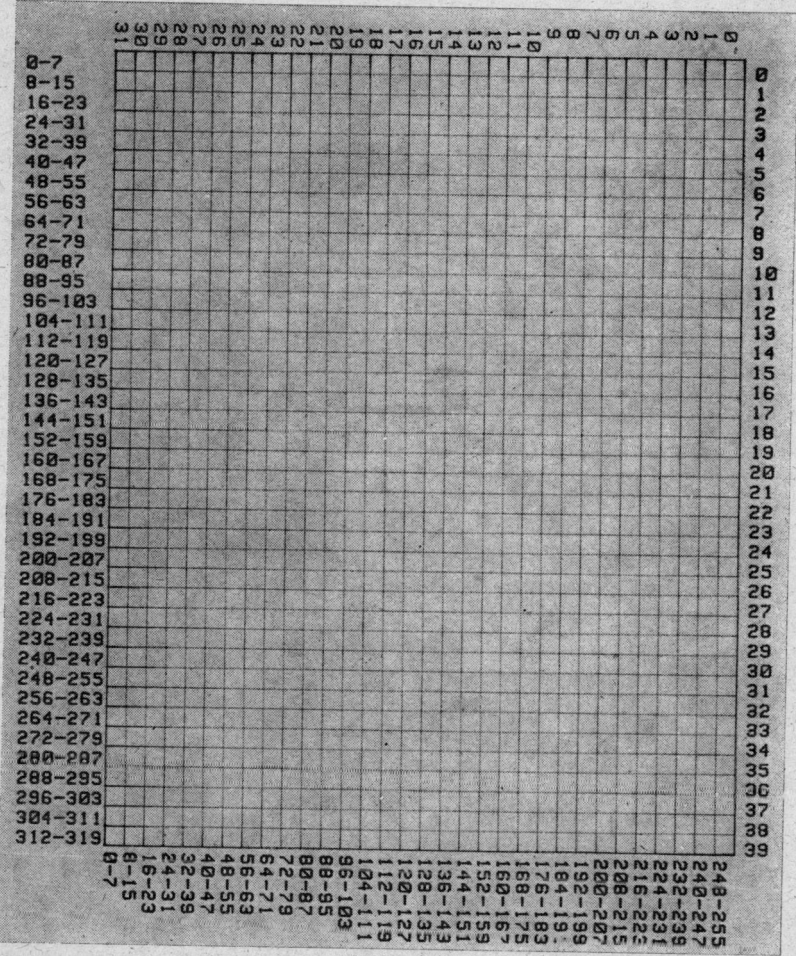

Bild 7.4.7 links die x-Koordinaten (0-319) der Bildpunkte, unten die y-Koordinaten (0-255) der Bildpunkte, rechts die x-Koordinaten (0-39) der Zeichenfelder, oben die y-Koordinaten (0-31) der Zeichenfelder.

Literatur- und Quellenverzeichnis

BASIC-Bücher

BOON, K. L.: BASIC für Tischcomputer. – München, 1983

HOFFMANN, P.; STRELOCKE, K.: Die Dialogprogrammiersprache BASIC. Sprachbeschreibung und Anwendungsbeispiele. – Schriftenreihe Informationsverarbeitung. – Berlin, 1981

HOPFER, R.; MÜLLER, R.: BASIC – Einführung in das Programmieren. – Leipzig, 1986

MÜLLER, S.: Programmieren mit BASIC. – REIHE AUTOMATISIERUNGSTECHNIK. BAND 216. – Berlin, 1985

STUCHLIK, R.: BASIC für den Kleincomputer KC 85/2. – Nutzerdokumentation. – Magdeburg, 1986

VIEHWEGER, B.: Nutzung von Kleincomputern – BASIC für den KC 85/2. – Dresden, 1986

Quellen

Betriebsdokumentation robotron
- Bedienungsanleitung Heimcomputer robotron Z 9001 –
- Einführung in die Programmiersprache BASIC –
- Tabellensammlung Programmierhilfen –
VEB ROBOTRON – MESSELEKTRONIK „OTTO SCHÖN" DRESDEN, geänderte und ergänzte Ausgabe 8/84a

BUSCH, R.: BASIC für Einsteiger. – München, 1983

CHRIS, P.: So programmiert man eine Maus. – In: Computer Persönlich (21. 9. 83) 20. – S. 44 bis 51

Commodore 64. – In: MicroComputer HANDBUCH. – Frankfurt/M.

DAUBACH, G.: Sofort Erfolg beim Programmieren. In: CHIP. – (1984) 6. – S. 96 bis 101

DENNSTEDT, W.; DOMSCHKE, W.: Der Heimcomputer HC 900. – Vortrag auf der 4. Fachtagung der KdT „Applikation Mikroelektronik – Stand und Tendenzen". – Dresden 18.–19. 10. 84

164

DOMSCHKE, W.: Der Heimcomputer HC 900. – Beschreibung der Hardware und Software. – Mühlhausen, 1984

EIRICH, D.: Japan rüstet zum Angriff. – Der MSX-Countdown läuft. – In: Computer Persönlich. – (1983). – S. 9

elektronik bauelemente REIHE B: BEGRIFFSSAMMLUNG ENTWICKLUNG UND ANWENDUNG DER MIKROELEKTRONIK 1981. SONDERHEFT veb applikationszentrum elektronik berlin im veb kombinat mikroelektronik. – Berlin, 1981

FEICHTINGER, H.: BASIC für Mikrocomputer. Geräte – Begriffe – Befehle – Programme. – München, 1980

GUTZER, H.: Das kann der Mikrocomputer. – Leipzig, 1985

HEIMCOMPUTER HC 900. BASIC-Handbuch / veb mikroelektronik „wilhelm pieck" mühlhausen im veb kombinat mikroelektronik

HEIMCOMPUTER HC 900 GRUNDGERÄT / veb mikroelektronik „wilhelm pieck" mühlhausen im veb kombinat mikroelektronik

HOFFMANN, P.; STRELOCKE, K.: Die Dialogprogrammiersprache BASIC. Sprachbeschreibung und Anwendungsbeispiele Schriftenreihe Informationsverarbeitung. – Berlin, 1981

KELLER, G.: Der Heimcomputer robotron Z 9001. – In: Kleinstrechner-TIPS. Heft 2. – Leipzig, 1984, S. 51 bis 64

KLEINE ENZYKLOPÄDIE Mathematik. – 6. Aufl. – Leipzig, 1971

KLOTZ, N.; SCHUBERT, G.: Heimcomputer robotron Z 9001. – In: JUGEND + TECHNIK. – Berlin (1984) 8, S. 584 bis 587

KREUL, H.: Programmierbare Taschenrechner. – 2. Aufl. – Leipzig, 1980

KREUL, H.: Was kann mein elektronischer Taschenrechner? – 5. Aufl. – Leipzig, 1982

RADKE, H.: Heimcomputer aus Mühlhausen. – In: JUGEND + TECHNIK. – Berlin (1984) 5, S. 329 bis 333

SCHINDLER, B.: Heimcomputer Z 9001. – In: radio, fernsehen, elektronik. – Berlin (1984) 3, S. 148 bis 149

sinclair ZX81 BASIC PROGRAMMIERHANDBUCH/ herausgeg. v. Sinclair Research Limited. – 3. Ausgabe. – München, 1981

Sachwortverzeichnis

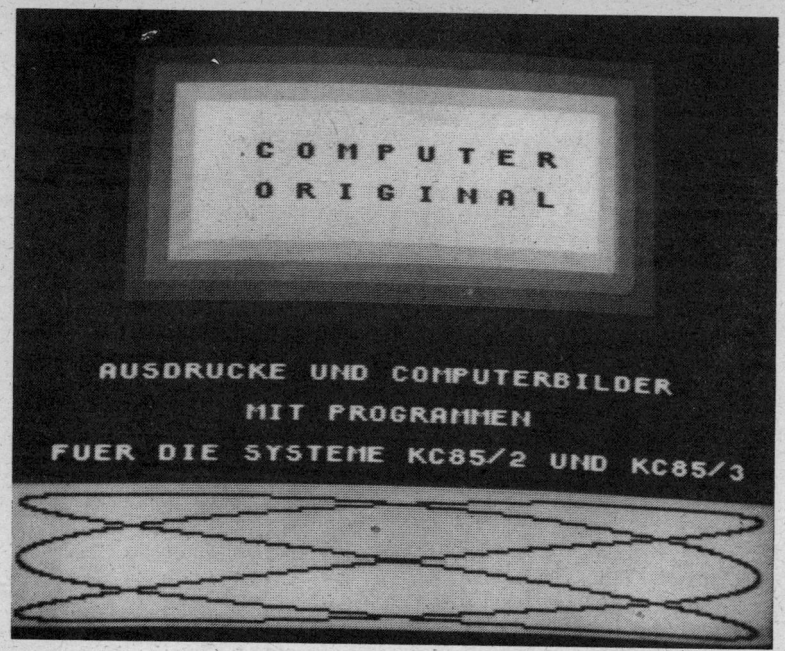

```
10 REM TITEL
20 COLOR7,1:WINDOW0,31,0,39:CLS
30 FOR I=2 TO 7
40 COLOR0,I:WINDOW-1+I,19-I,2+I,35-I:CLS:NEXT
50 GOTO60
60 PRINT:PRINT:PRINT"   C O M P U T E R ":PRINT
70 PRINT"   O R I G I N A L "
80 WINDOW19,27,0,39
90 COLOR7,1
100 PRINT"     AUSDRUCKE UND COMPUTERBILDER"
110 PRINT:PRINT"         MIT PROGRAMMEN"
120 PRINT:PRINT"  FUER DIE SYSTEME KC85/2 UND KC85/3"
130 WINDOW25,31,1,38:COLOR0,7:CLS
140 FOR P=0 TO 2*PI STEP .002
150 X=159+145*SIN(P*3)
160 Y=27+25*SIN(P*2)
170 PSETX,Y,0
180 NEXT
190 GOTO190
```

HEXADEZIMAL-DEZIMAL-TABELLE
****

HEX.-	DEZ.	HEX.-	DEZ.	HEX.-	DEZ.
0	0	2B	43	56	86
1	1	2C	44	57	87
2	2	2D	45	58	88
3	3	2E	46	59	89
4	4	2F	47	5A	90
5	5	30	48	5B	91
6	6	31	49	5C	92
7	7	32	50	5D	93
8	8	33	51	5E	94
9	9	34	52	5F	95
A	10	35	53	60	96
B	11	36	54	61	97
C	12	37	55	62	98
D	13	38	56	63	99
E	14	39	57	64	100
F	15	3A	58	65	101
10	16	3B	59	66	102
11	17	3C	60	67	103
12	18	3D	61	68	104
13	19	3E	62	69	105
14	20	3F	63	6A	106
15	21	40	64	6B	107
16	22	41	65	6C	108
17	23	42	66	6D	109
18	24	43	67	6E	110
19	25	44	68	6F	111
1A	26	45	69	70	112
1B	27	46	70	71	113
1C	28	47	71	72	114
1D	29	48	72	73	115
1E	30	49	73	74	116
1F	31	4A	74	75	117
20	32	4B	75	76	118
21	33	4C	76	77	119
22	34	4D	77	78	120
23	35	4E	78	79	121
24	36	4F	79	7A	122
25	37	50	80	7B	123
26	38	51	81	7C	124
27	39	52	82	7D	125
28	40	53	83	7E	126
29	41	54	84	7F	127
2A	42	55	85	80	128

HEXADEZIMAL-DEZIMAL-TABELLE

****

HEX.-	DEZ.	HEX.-	DEZ.	HEX.-	DEZ.
81	129	AC	172	D7	215
82	130	AD	173	D8	216
83	131	AE	174	D9	217
84	132	AF	175	DA	218
85	133	B0	176	DB	219
86	134	B1	177	DC	220
87	135	B2	178	DD	221
88	136	B3	179	DE	222
89	137	B4	180	DF	223
8A	138	B5	181	E0	224
8B	139	B6	182	E1	225
8C	140	B7	183	E2	226
8D	141	B8	184	E3	227
8E	142	B9	185	E4	228
8F	143	BA	186	E5	229
90	144	BB	187	E6	230
91	145	BC	188	E7	231
92	146	BD	189	E8	232
93	147	BE	190	E9	233
94	148	BF	191	EA	234
95	149	C0	192	EB	235
96	150	C1	193	EC	236
97	151	C2	194	ED	237
98	152	C3	195	EE	238
99	153	C4	196	EF	239
9A	154	C5	197	F0	240
9B	155	C6	198	F1	241
9C	156	C7	199	F2	242
9D	157	C8	200	F3	243
9E	158	C9	201	F4	244
9F	159	CA	202	F5	245
A0	160	CB	203	F6	246
A1	161	CC	204	F7	247
A2	162	CD	205	F8	248
A3	163	CE	206	F9	249
A4	164	CF	207	FA	250
A5	165	D0	208	FB	251
A6	166	D1	209	FC	252
A7	167	D2	210	FD	253
A8	168	D3	211	FE	254
A9	169	D4	212	FF	255
AA	170	D5	213	100	256
AB	171	D6	214	101	257

HEXADEZIMAL-DEZIMAL-TABELLE
****

HEX.-	DEZ.	HEX.-	DEZ.	HEX.-	DEZ.
0	0	2B00	11008	5600	22016
100	256	2C00	11264	5700	22272
200	512	2D00	11520	5800	22528
300	768	2E00	11776	5900	22784
400	1024	2F00	12032	5A00	23040
500	1280	3000	12288	5B00	23296
600	1536	3100	12544	5C00	23552
700	1792	3200	12800	5D00	23808
800	2048	3300	13056	5E00	24064
900	2304	3400	13312	5F00	24320
A00	2560	3500	13568	6000	24576
B00	2816	3600	13824	6100	24832
C00	3072	3700	14080	6200	25088
D00	3328	3800	14336	6300	25344
E00	3584	3900	14592	6400	25600
F00	3840	3A00	14848	6500	25856
1000	4096	3B00	15104	6600	26112
1100	4352	3C00	15360	6700	26368
1200	4608	3D00	15616	6800	26624
1300	4864	3E00	15872	6900	26880
1400	5120	3F00	16128	6A00	27136
1500	5376	4000	16384	6B00	27392
1600	5632	4100	16640	6C00	27648
1700	5888	4200	16896	6D00	27904
1800	6144	4300	17152	6E00	28160
1900	6400	4400	17408	6F00	28416
1A00	6656	4500	17664	7000	28672
1B00	6912	4600	17920	7100	28928
1C00	7168	4700	18176	7200	29184
1D00	7424	4800	18432	7300	29440
1E00	7680	4900	18688	7400	29696
1F00	7936	4A00	18944	7500	29952
2000	8192	4B00	19200	7600	30208
2100	8448	4C00	19456	7700	30464
2200	8704	4D00	19712	7800	30720
2300	8960	4E00	19968	7900	30976
2400	9216	4F00	20224	7A00	31232
2500	9472	5000	20480	7B00	31488
2600	9728	5100	20736	7C00	31744
2700	9984	5200	20992	7D00	32000
2800	10240	5300	21248	7E00	32256
2900	10496	5400	21504	7F00	32512
2A00	10752	5500	21760	8000	32768

HEXADEZIMAL-DEZIMAL-TABELLE
****

HEX.	DEZ.	HEX.	DEZ.	HEX.	DEZ.
8100	33024	AC00	44032	D700	55040
8200	33280	AD00	44288	D800	55296
8300	33536	AE00	44544	D900	55552
8400	33792	AF00	44800	DA00	55808
8500	34048	B000	45056	DB00	56064
8600	34304	B100	45312	DC00	56320
8700	34560	B200	45568	DD00	56576
8800	34816	B300	45824	DE00	56832
8900	35072	B400	46080	DF00	57088
8A00	35328	B500	46336	E000	57344
8B00	35584	B600	46592	E100	57600
8C00	35840	B700	46848	E200	57856
8D00	36096	B800	47104	E300	58112
8E00	36352	B900	47360	E400	58368
8F00	36608	BA00	47616	E500	58624
9000	36864	BB00	47872	E600	58880
9100	37120	BC00	48128	E700	59136
9200	37376	BD00	48384	E800	59392
9300	37632	BE00	48640	E900	59648
9400	37888	BF00	48896	EA00	59904
9500	38144	C000	49152	EB00	60160
9600	38400	C100	49408	EC00	60416
9700	38656	C200	49664	ED00	60672
9800	38912	C300	49920	EE00	60928
9900	39168	C400	50176	EF00	61184
9A00	39424	C500	50432	F000	61440
9B00	39680	C600	50688	F100	61696
9C00	39936	C700	50944	F200	61952
9D00	40192	C800	51200	F300	62208
9E00	40448	C900	51456	F400	62464
9F00	40704	CA00	51712	F500	62720
A000	40960	CB00	51968	F600	62976
A100	41216	CC00	52224	F700	63232
A200	41472	CD00	52480	F800	63488
A300	41728	CE00	52736	F900	63744
A400	41984	CF00	52992	FA00	64000
A500	42240	D000	53248	FB00	64256
A600	42496	D100	53504	FC00	64512
A700	42752	D200	53760	FD00	64768
A800	43008	D300	54016	FE00	65024
A900	43264	D400	54272	FF00	65280
AA00	43520	D500	54528	10000	65536
AB00	43776	D600	54784	10100	65792

```
10 REM TABELLENAUSGABE
20 INPUT"VON,BIS(1.SPALTE),SCHRITTWEITE";V,B,S
30 PRINT#2 "HEXADEZIMAL-DEZIMAL-TABELLE"
40 PRINT#2 STRING$(39,"*")
50 PRINT#2 STRING$(3,"  HEX.- DEZ.")
60 FOR I=V TO B STEP S
70 X=I: Y=I+B-V+S: Z=Y+B-V+S
80 D=X: GOSUB200: XH$=U$
90 D=Y: GOSUB200: YH$=U$
100 D=Z: GOSUB200: ZH$=U$
110 U$=STR$(X): GOSUB290: X$=U$
120 U$=STR$(Y): GOSUB290: Y$=U$
130 U$=STR$(Z): GOSUB290: Z$=U$
140 PRINT#2 XH$+X$+YH$+Y$+ZH$+Z$
150 NEXT I
160 END
200 REM UP DEZ --> HEX
205 IF D=0 THEN H$="0": GOTO280
210 A$="0123456789ABCDEF": H$=""
220 R=D-16*INT(D/16)
230 H$=MID$(A$,R+1,1)+H$
240 IF D=0 THEN270
250 D=INT(D/16)
260 GOTO220
270 H$=RIGHT$(H$,LEN(H$)-1)
280 U$=H$
290 REM FORMATIERUNG
300 U$=STRING$(6-LEN(U$)," ")+U$
310 RETURN
```